问道高端

——《知识产权青年》「对话」栏目文集

知识产权出版社

全国百佳图书出版单位

图书在版编目（CIP）数据

问道高端：《知识产权青年》"对话"栏目文集/国家知识产权局机关团委编著.
—北京：知识产权出版社，2013.4（2017.11 重印）

ISBN 978-7-5130-2017-6

Ⅰ.①问… Ⅱ.①国… Ⅲ.①知识产权—中国—文集 Ⅳ.①D923.404-53

中国版本图书馆 CIP 数据核字（2013）第 074202 号

内容提要

本书主要收集了 14 篇对从事知识产权工作的领导以及知识产权领域的学者、专家的访谈文章。内容涉及工作、学习、生活、业务，还有我国知识产权制度的发展、国家知识产权局的历史及现状等方面，对青年人了解我国专利制度的起源和发展历史、提升自身的能力具有重要的意义。

读者对象：知识产权从业者及其他感兴趣的读者。

责任编辑：王剑宇	责任校对：韩秀天
版式设计：王剑宇	责任出版：卢运霞

问道高端

——《知识产权青年》"对话"栏目文集

国家知识产权局机关团委　编著

出版发行：知识产权出版社有限责任公司	网　址：http://www.ipph.cn
社　　址：北京市海淀区气象路 50 号院	邮　编：100081
责编电话：010－82000860 转 8225	责编邮箱：wjyhyys@yahoo.com.cn
发行电话：010－82000860 转 8101/8102	发行传真：010－82000893/82005070/82000270
印　　刷：北京中献拓方科技发展有限公司	经　销：各大网上书店、新华书店及相关专业书店
开　　本：787mm×1092mm　1/16	印　张：15
版　　次：2013 年 5 月第 1 版	印　次：2017 年 11 月第 2 次印刷
字　　数：176 千字	定　价：39.00 元

ISBN 978-7-5130-2017-6

序

　　2012 年以来，国家知识产权局机关团委提议将《知识产权青年》杂志中"对话"栏目的部分访谈文章合集成册，付梓出版，这是一件非常好的事情，令人振奋！

　　本书中收录了 14 篇访谈文章，都是国家知识产权局青年同志亲自联系，并前往采访和记录整理的。访谈对象既有多位从事知识产权工作的领导，又有多位知识产权领域的学者和专家。时间上也有很大的跨度，最早的一篇访谈完成于 2008 年 6 月，至今已有近 5 个年头。这些文章从多角度、多方位向读者展现了我国知识产权事业发展的昨天、今天和明天。至今读来，仍能体会到他们对人生感悟的深邃，对事业热爱的深沉，对未来憧憬的深远。

　　掩卷而思，不禁要问，从他们身上我们能学到些什么呢？我想，应该是他们身上集中体现出来的三种精神。

　　一是勇于探索的精神。如今的青年朋友们可能很难想象，在二三十年前的环境下，选择知识产权这个行业并当做毕生奋斗的事业，是多么地需要胆识。然而他们就是以"敢为天下先"的勇气和魄力，探寻着知识产权事业的发展之路。这不仅给"筚路蓝缕，以启山林"的他们自身以无穷的力量，也给知识产权事业发展以无穷的力量。

二是甘于奉献的精神。他们曾怀着迫切而又向往的心情加入知识产权这项神秘的事业，但创业的艰辛、工作的困难接踵而至，然而他们数十年如一日，任劳任怨、无私奉献，用自己的青春和智慧，换来了事业的飞速发展，而他们也收获了创业的喜悦。

三是乐于传承的精神。从本书的字里行间可以感受到，他们对后来的知识产权人寄予厚望，并非常乐于将自己的所得所悟倾囊相授。这种"传、帮、带"的优良传统，也正是老一辈知识产权人能够白手起家，用短短30年时间推动知识产权事业走过发达国家近百年道路的法宝。今天，这种精神需要青年人继续传承。

本书最终取名为"问道高端"，一方面体现了访谈内容的丰富精彩；另一方面，用一个"问"字，仿佛将我们带回到访谈时的情境，也将青年人善于探寻、求索的精神表现得淋漓尽致。这种求学"问道"的精神，正是我们所提倡的。

我国的专利制度刚刚走过了短短的30个年头，与知识产权战线上的广大青年可谓"同龄"，既青春年少、妙龄芳华，也是而立之年、有为之时。当前，我们正处于实施国家知识产权战略的攻坚阶段，也是建设世界知识产权强局的关键时期。亦如30年前的他们一样，现在的青年朋友们也选择了一份好事业，赶上了一个好时候。这份事业既是青年朋友们成长成才、实现自我价值的舞台，更是青年朋友们建功立业、报效祖国的疆场。

因而，对于青年朋友而言，既需要"问道"求学的精神，向书本学、向身边学、向实践学，更要向 30 年来奋战在知识产权事业一线的前辈们学；更需要"行道"的勇气，勇敢挑起知识产权事业发展的重担，将前辈们的精神发扬光大。求真务实、勤勉工作，共创知识产权事业美好的明天！

国家知识产权局党组成员、副局长、
直属机关党委书记

目录

CONTENTS

◉ 个人简历 ◉

　　田力普，中共党员，汉族，1953年10月出生，河北安国人，中国科技大学研究生院毕业，理学硕士，研究员。1981年5月至1998年3月，在原中国专利局工作。历任专利复审委员会副处级、正处级专职复审委员、副主任，专利局电学审查部副部长。其间，在德国马普专利法研究所做访问学者，在欧洲专利局、德国专利局、德国联邦专利法院等机构学习专利制度和从事研究工作。1998年3月至今，在国家知识产权局工作。历任专利局自动化部副部长、部长；2001年3月至2005年6月任国家知识产权局副局长。2005年6月至今任国家知识产权局局长、党组书记。

知识产权事业需要一代代青年接班传承

——对话田力普局长

被访人：田力普

采访人：王　磊　邵源渊　卢学红

采访时间：2013 年 1 月 15 日

采访地点：国家知识产权局 2 号楼 510 房间

编者语：田力普，国家知识产权局局长、党组书记。1953 年生，属于伴随着新中国发展建设而成长的一代。入局前，当过工人，做过教师。28 岁进入刚刚组建的中国专利局，作为我国的第一批专利审查员，在德国专利局接受系统培训。30 多年来，与我国的专利制度、知识产权事业一起走过。52 岁时任局长，在他担任局长的 8 年里，国家知识产权局快速发展，知识产权事业取得巨大成就。越来越多的青年被吸引进来。新年伊始，我们得以与田局长面对面进行交流，亲身体会他作为领导、作为长辈对青年人的关怀和期望，我们也从他的经历中深刻体会到个人发展和事业发展的密切关系。

采访人：田局长，首先非常感谢您在年底这么忙的情况下接受我们杂志的采访。您特别重视青年工作，十八大闭幕当天，您在传达会议精神时，专门要求青年代表参加，还对青年有一段寄语，我局的青年同志特别受鼓舞。最近全局青年都在深入学习十八大精神，所以我们也想借着这期杂志的机会，让青年同志近距离地感受一下您对大家的关心和鼓励。

田力普：好，那咱们就从十八大谈起。十八大报告我是在现场聆听的。我们局这次有两位十八大代表，也是历史上的第一次。胡锦涛同志在报告结束前专门有一段是讲青年的，这段话给我的印象非常深刻，党中央在全党重大的会议上专门拿出一段话来给青年寄语，意义重大，所以回来当天在咱们局学习、传达会议精神时，我特别要求把我们局的青年同志也叫来，在传达会议最后，我对青年还专门讲了几句。对于国家来说，青年是国家的未来，对于我们局来说，青年同样是我们局的未来，所以按照中央的要求，从我们局的实际状况、特点出发，我们都需要重视青年同志。我们局从 2006 年第一次召开全局青年工作会议以来一直持之以恒、坚定不移地重视和做好青年工作，这是与党和国家的大政方针紧密结合在一起，也是和知识产权事业的发展紧密结合在一起的。

采访人：您传达十八大精神的时候我们都在场，真的是倍受鼓舞，大家感到，不管是中央还是我局领导，都对我们青年非常关爱，所以对国家和事业的认同感、责任感也更强了。

田力普：从我们局发展历史来看，青年人发挥了非常重要的作用。知识产权事业是我们国家一个新兴的事业，改革开放以前没有，也没有人懂。改革开放以后，国家决定建立知识产权制度，组建中国专利局。当时没有人，怎么办呢？就要培养，培养时可以选择青年、中年、老年的一些人，但是大家都不懂，起点都一样时，对于决策者来说，一个很容易的选择就是培养年青人。

可以说，我们局从建局之初，就是年青人挑重担，例如专利审查、专利检索、专利文献、审查流程的制定、指南的制定等核心业务，基本都是老同志带着很多年青人做。领导非常重视培养年青人，正是源于这种重点培养，培养出来后再把青年人放到实际工作当中去历练的模式，才有了后来我们局的发展和繁荣。应该说，我们局在青年人才培养方面基础打得很好。

2013 年 1 月接受《知识产权青年》杂志采访

这段历史你们可能不太清楚，但我是亲身经历过的，有切身的感受。在我们局组建初期，大家对专利制度及各种业务都不了解，所以，学习是一个反复的过程。比如说，刚开始时局里送我们出国培训了一段时间，相当于现在的岗前培训，有了一个粗浅的认识，工作一段时间，很快就感到知识不够用，就再送出去再培训，一批一批地送，然后请专家来，我们自己办班讲，一步一步地深化。即使现在我们局已经有了一定的积累和经验，但和一些国际上的大局相比，我们还是有差距，还处于一个学习借鉴的过程中。所以学习和培养的进程还在不断地进行，还要重点依靠培养青年同志来不断提升整个队伍的能力和水平，既包括政治素质、理论水平、道德水准，也包括能力、业务等方面的全面提升。局党组这些年来都坚持这样做，既是继承传统，也是将现实的需求和未来的发展紧密结合。

第一次出国学习，我们有年青人的朝气和勇气，因为什么都不懂，所以什么也不怕，就安下心来学习，一点一点地学，不懂就学、不会就问，全部时间都用在学习上。

采访人：您刚才提到咱们局老一辈的局领导非常重视对青年的培养，昨天正好是 1 月 14 日，33 年前，也就是 1980 年 1 月 14 日，咱们局成立了，当时您在德国学习，能不能请您讲述一下当时的情景。

田力普：1980 年 1 月初，刚过元旦不久，我被派出去。在德国开始学习的时候，我们局成立了，这也说明，我们局在建局之初就重视对青年的培养，把青年同志派出去学习、培养。第一次出国学习、培训，我的印象非常深刻。出国前，在 1979 年 8 月的时候我们在怀柔参加了一期出国前的培训班，主要涉及一些基础知识，尽可能找国内的专家学者来讲课。比如我们局文献部有一个老部长叫申嘉廉，他原来是专利文献馆的馆长，给我们讲专利文献，人大教授郭寿康给我们讲民法，还请了我们局原来的顾问汤宗舜，还有北大的一些教授、学者等。但那时讲的都是一些外围性、基础性的知识，专利业务本身很少涉及，因为当时国内没有这方面的人，也缺少这方面的专家，所以基础知识很少。

采访人：那您听了以后，对专利有什么认识吗？

田力普：没有什么认识，就觉得这个东西很新，以前不懂，听了以后很好奇，有学习的渴望，希望了解更多。同时又有一些担心，主要是基础不行，也担心外语的问题，那时出国没有翻译。30 多年前，文革刚结束不久，刚开始重视教育，大家都如饥似渴地学习，但总体上还是一个比较封闭的环境，长期跟国外接触少。当时我们外语不行、专业又不懂，一下子派到西方国家学习，对我们每个人来说都是一个巨大的冲击。

不光是业务学习上的困难，也包括生活、思想等方面都面临巨大的冲击。但我们有年青人的朝气和勇气，因为什么都不懂，所以什么也不怕（笑），就踏下心来学习，一点一点地学，不懂就学、不会就问，全部时间都用在学习上，白天课程安排很满，晚上要看资料，相互进行研讨。1980 年 1 月到 4 月三个月时间，就算是一个入门，不像现在新人进入我们局有一个成系统的、全套的培训课程，由经验丰富的老师讲课，那时完全就是从一无所知到入门的一个慢慢的学习过程。

另外，印象很深刻的是，在欧洲专利局我们所接触的所有人都非常友好、非常耐心。不会因为你什么都不了解，是一张白纸，而不耐烦或者是不屑于教你。那些老师有自己的本职工作和审查任务，利用自己的时间兼职给我们授课，非常认真负责，我们很受感动。后来，回国工作后，我们局也同样有这种好的传统，大家能够不计时间、不计报酬，愿意把自己的经验和知识传授给年轻的同志，并这样一代代地传承下去。

不管什么事情，你是乐观，还是悲观？是抱怨指责，整天垂头丧气、满脸"旧社会"，还是随遇而安，把事情想开点？心态是很重要的。

采访人：我觉得您勤学好问精神是我们青年应该学习的。您还记得三个月培训回来后，咱们局当时是什么样的情况吗？

田力普：当时，我们局在建局初期，条件很艰苦，到处租房子，没有固定的办公地点。最早 1979 年、1980 年的时候，是在三里河原国家科委的办公室办公，后来我记得是在王府井和平宾馆租了几间房子办公。等我们从国外回来，人多了，房子不够，就搬到工人体育场。工体你们可能去过，中间是体育场，两边看台底下就是宾馆、招待所和商店，我们就在那里租房办公，同时还租了一些房子当宿舍，所以我们那些研究生当时既在那里住，也在那里上班。白天上班最怕什么呢？最怕有比赛，因为办公室上面就是看台，比赛时一有进球，观众就跺脚、呼喊，所以很吵，这个我还记得很清楚。

后来我们又搬了很多地方，印象最深的就是总搬家。那时生活也比较艰苦，当时我们还是在读研究生，一边读书，一边参加局里的培训，毕业以后分到咱们局，局里给单身职工解决宿舍。那时条件当然不像现在这么好，七八个人一个房间，局里办公地点搬了，我们的宿舍也要搬。前十几年的时间，我们至少搬了五六个地方，所有类型的宿舍我都住过，虽然条件很艰苦，但是我心态好，很乐观。

我记得在西八里庄，我们局租的是东风公社的房子，旁边就是昆玉河，夏天的时候，我们基本上每天晚上吃完饭就去游泳，那时没有

现在的国家知识产权局办公楼

空调，也没有电扇，夏天炎热，但我们没有什么抱怨，我觉得那会儿是一段挺愉快的时光。所以人的心态很重要，往往不在于你有多么优越的物质条件。当然，现在条件好了，局里应该尽量给青年排忧解难，组织上应该想尽一切方法来改善年轻同志的生活，但有时也受到各种条件的制约，有时大家的需求和愿望是很好的，但如果实际条件达不到，我们还是要心态平静。不管什么事情，你是乐观，还是悲观？是抱怨指责，整天垂头丧气、满脸"旧社会"，还是随遇而安、把事情想开点？心态是很重要的。

比如说现在的食堂，局党组、办公室和服务中心的同志花了很大的力气，想把事情办好，但是也经常看到"红色家园"里大家有不同的抱怨。机关食堂是最难办的。因为人的口味经常变。如果是饭馆，顾客不满意可以换，但食堂不能换。老在食堂吃，总有一天会吃腻，会不满意。二三十年前，我们单身职工也依靠食堂。那时早饭很简单，午饭有一些炒菜、主食，晚上大多数人回家了，剩下单身职工也就十几个人，就把中午剩的菜合到一起加热一下，把主食也加热一下。我的印象里，晚上吃剩菜、剩饭好多年，大家也没有什么抱怨，也没有"发帖子"。即使是在那种艰苦的环境下，大家的心态还是很好，是一种乐观的、向前看的心态，不拘泥生活的细节，没有因为这些小事发生困难，就立刻无比沮丧，也没有把不好的情绪传导到同事之间，传导到工作上。现在回忆起来，确实是非常好的一种氛围。现在情况不一样了，但这种精神还是需要提倡的。我们不会再回到二三十年前的那种物质环境，但这种精神应该有所继承，如果失掉了这种精神，如果我们的青年同志过于集中在个人身边的那点事情上，未来可能难有大的作为。

温家宝总理讲过"仰望星空、脚踏实地"。只往天上看，永远都是空的。当然需要设定一个目标，但是怎么实现这个目标还需要一步一步地走出来，所以要脚踏实地，这对于青年同志来说尤其必要。因为青年往往想法很多，尤其是刚从学校出来时，由于缺少社会历练，可能理想化、空的东西多一些，实际的东西少一些，到了我们局更需要脚踏实地。只有一步一步地走下来，经过多年的磨练、锻炼，才能够成长起来。

青年人的好奇心、探索精神和学习精神，无论是过去、现在，还是未来，都应该保持。

采访人：您提到年轻的时候，在艰苦的条件下非常乐观、积极向上，可能就像现在一个比较时髦的词"正能量"。而且您也提到了脚踏实地，您觉得能取得今天的成绩是不是也和您年轻时对工作认真、

脚踏实地有很大的关系。

田力普：对，说实在的，我年轻的时候想法并不多，就像吴仪同志说的"好好做人、扎实做事、努力学习"，应该说，这是最基本的要求。至于未来会发展成什么样，怎么设计、规划自己，确实没有想过。不像现在，要有人生规划，规划三年、五年、十年以后的事情，那时没有什么想法。因为那时环境不一样，基本上还是组织上来负责规划。

我是在 70 年代末 80 年代初，一个非常偶然的机会进入知识产权领域的。1979 年，中央决定要建立专利制度，委托当时的国家科委来筹建中国专利局。筹建就得有人，当时第一步的核心就是招聘。当时科委的领导就想，到哪招人呢？当然有一个途径，就是从当时的科委、中国科学院招一些在职人员，另外还要招一批年青人，上哪里招呢？那时，1978 年是第一年恢复研究生考试，我们是文革后第一批研究生，当时我正在玉泉路中科院研究生院学习。那时，科委的领导到研究生院去招人，他们挨班询问说："我们现在要成立专利局，需要一些年青人加入进来，有谁愿意去？"问到我们班时，我一想，专利，没听说过，这事可能不错，我就说我去吧，两分钟之内做的决定。

采访人：当时有几个人报名？

中华人民共和国国家知识产权局

好好做人 扎实做事 努力学习
——录吴仪同志对我局青年寄语
田力普 2013.元.15

田力普局长录吴仪同志
对我局青年寄语

田力普：当时班里有两个人报名，另一个是王晓光，后来在咱们电学部做审查员，现在退休了。决定就是两分钟的事，没有想太多。当时想法很简单，我们读研的时候先上一个外语班，班里除了应届研究生之外，还有很多来自中科院各个研究所的中年科学家，他们培训英语是为了派出国学习。当时研究生院的学生，毕业大多是分配到各个研究所，我一看他们这些人都是文革前的老大学生，工作了很多年，水平都很高，我想如果我们毕业分配到了研究所里，无论是水平还是能力，都赶不上人家。但是对于专利，大家都不懂，我想在这个方面可能会有所发展，可以说当时有这么一点小的、自私的考虑，其他的没想，更没想到将来要当局长。

采访人：两分钟的选择，成就了一生的追求。

田力普：对！当然，那时的历史条件和现在确实不一样，但是我觉得青年人的好奇心、探索精神和学习精神，无论是过去、现在，还是未来，都应该保持，不能像一个小老头，对什么都没兴趣。

我记得出国的时候，我们一批共七八个年青人，有咱们局派出的，也有其他单位的。我记得有一个外单位的年轻同志，岁数跟我们差不多，20多岁，但到了那就想回国，什么都不愿意学，整天无精打采、消沉，当然他最后还是坚持下来了，但后来就默默无闻了。我觉得，年青人要有朝气和活力，要有好奇心和探索精神，要有学习的热情和激情。即便现在，我们上了岁数，在很多方面不如年青人了，但我们还是想了解一些新的事物。对于我们局的同志来说，更需要有学习和探索的精神，要不断地努力学习。

十多年的审查工作经历，最想与青年分享的是：学习、敬业、世界眼光和团队精神。

采访人：您年轻时和我们现在绝大多数年青人一样从事专利审查、复审、无效等工作，在业务方面，您有没有什么跟我们一起分享或者给我们一些鼓励。

田力普：我刚才说要不断地学习，这是一点。专利、知识产权是一个非常特殊的行业，包括审查、管理，也包括相关的一些其他工作，在国内就我们一家，如果要比的话，只能和其他国家的同行比较，所以要求我们起点很高。专利制度在国际上已经运行了两三百年，不仅制度成熟，对从业人员能力的要求也有非常成熟的国际标准。因为国内没有可比性，要放到全球的视野来比较，就对我们提出了很高的要求，所以无论是我们自身能力的提升，还是对审查等岗位的认知都要有一个更广阔的视野，要跳出我们局，跳出我们国家，与全球其他的同行来进行比较和衡量。

所以审查员需要研究大量的国外相关资料。我印象很深刻，年轻时，我跑的最多的就是我们局的技术图书馆，里面都是我们局的内部资料。现在网络非常方便，资料也非常多，大家不一定跑图书馆，但我觉得学习还是一件持之以恒的事情。

第二点就是要敬业，专利审查说简单也简单，经过基本培训以后，掌握了基本技能，就可以检索、审查。我们有很完善的制度、规章和要求，也有成体系的教材，把这些都掌握了，入门还是不难的，但是要做好很不容易。尤其是一个人、两个人做好不难，十个八个做好也不难，难的是我们几千人队伍的整体提升。专利局、复审委员会，这么多审查协作中心，还有文献处理、加工、分类，审查业务管理，自动化、信息化……所有业务以及整个群体的水平提升是很难的。

1984 年 3 月 12 日，专利局职工庆祝中国《专利法》诞生

我们从建局到现在 30 多年了，从 1985 年《专利法》颁布实施已经 20 多年，但现在还不能说我们达到了很高的水准。我觉得在世界前十位的专利局中，我们的能力大概还属于中等偏下，和那些做的好的局相比还有差距。比如说检索，我们的查全率就不如国外，大概比国外低 20%，这是经验水平的原因，不是三年、五年就能够提高上去的。所以要不断学习，我们的业务工作是没有止境的。

还有一个问题就是技术，我们接触的都是最新的发明创造，很多东西之前都没有接触过，有时还要跨领域审查，这时就需要我们学习。我是学机械的，在复审委工作时，我就审过农业种植方面的案子，也审过电学、化学领域的案子。可能你们会说，学机械的怎么能审化学领域，甚至农业种植方法呢？就是要学习，去找相关领域的审查员请教，要找资料、参考书，从最基础的学起。我觉得这是一个自觉的行为，不是说分了案子以后，发现跨领域，就退回去，或者找部长，要求安排培训、"减点"等等。所以说敬业很重要。另外一点就是审查工作所需要的团队精神。

审查工作是每个人独立完成，应该说这项工作本身是一个很个性化的事情。但为什么要提倡团队精神呢？我们是一个整体，审查工作很大程度上要有统一的原则。

另外，还需要大家的协作和相互配合。现在我们局规模很大，这就有一个问题，在同一个领域，同样的一组发明可能在不同的审查员手里，如果每个人的想法都不一样，那最后得出的结论就会不同，这对于某个审查员个人来说可能是无所谓的，但是对于我们局来说，对于申请人来说，就存在不一致的问题。同样，如果放在全球来看，如果其他局的审查结果比较一致，而我们存在不一致的情况，也存在问题。

目前，我们局正在谋划建立网上审查社区，这样，大家可以在网上互相交流审查经验，也希望能够通过这种虚拟社区的方式来让我们的团队更好地协作。再往以后发展，就是"云审查"了，现在我们也在设想，可能将来就是一个审查云，文献、信息、审查经验等等都在云里面，大家可以不受工作地点的限制，随时随地都可以工作，这些都是技术手段能够实现的。但是核心还取决于每个人都要有合作精神，这一点很重要，是我们的审查文化，也是我们国家知识产权局的文化。

知识产权事业的发展，需要青年同志尽快熟悉、尽快适应，努力提高管理能力和水平。

采访人：您刚才所讲的解答了我从事审查工作时所遇到的很多困惑，让我明白了我们从事审查工作，应该学些什么、怎样学，顿时觉得豁然开朗了。

另外，在我们局的管理部门，绝大多数青年人都来自审查岗位，从审查到管理，从微观到宏观，要求不同、站位不同，如何更快、更好地实现角色转变是我们面临的最大困难，您也是从具体的审查工作到管理岗位，又一步步走上领导岗位，当年您是如何处理的？对我们有什么建议？

田力普：审查和管理最大的区别就是面对的对象不同。审查面对的是案子，是发明，需要我们通过检索、审查来决定能不能授权。但是管理工作面对的是人，需要通过人来做事。

审查的思维是对事而形成的一些理念，要求客观、公正、准确、及时。具体到工作，我们有相应的规则和程序，一步一步地做，非常条理化和理性化。但是每个人都不一样，因此管理工作就带有很多的不确定性，现在都讲不确定性，但是有一点是确定的，就是我们要有一个管理目标，要完成任务，就需要通过我们组织、协调、沟通，包括日常的一些工作相配合，来让我们的工作对象（也就是我们面对的这些人），把事情完成，实现管理目标。这是管理工作和审查工作最大的区别。比如说，我现在是国家知识产权局局长，当然我的目标很多。如果从审查员关心的事情，从审查的角度来说，那就是完成审查任务。每年发明、实用新型、外观申请都按照大约 25% ~ 30% 的量增长。我面临的压力就是要调动足够的资源来消化这些新的申请。首先最重要的是人，差不多每增加一百件申请就需要增加一名审查员，如果新增一万件，就得需要增加一百个人，十万件就是一千个人。人来了，办公室、办公楼、信息化等一系列保障条件都要跟上，这些还需要有钱。所有这些资源都需要局领导来考虑。但并不是要我们局领导具体去做，而是靠人，靠我们各个部门以及局外单位共同完成。

对局长是这样，对每一个管理者来说，只是位置不同，道理也是一样。所以你们的困惑就在于怎样把这个角色转换过来，要把审查员的思维转换过来，当然审查员特有的严谨、负责、较真等好的精神是需要保留的。有时候，管理工作也需要灵活性，需要变通，违法的事不干，但是我们得用各种方式把事情做成。

随着我们事业的发展，我局的职能也在发生改变。传统的审查业务是我们的核心工作，我们要把它做大，

2008 年，田力普（右五）参加全国知识产权局局长会议

做强，但是这还不够，我们还有知识产权战略的实施、知识产权保护、地方知识产权管理、企业知识产权工作、全社会知识产权文化等各方面的工作，而且这些工作以前都是没有的，对我们来说可能更不熟悉。这些新的工作、新的职能需要我们去做，这对年青人来说是一件很不容易的事，即便对我们这些有经验的老同志来说也是不容易的。把年轻同志放到一线工作，这是一个很艰巨的任务，需要你们能够尽快地熟悉，能够胜任。

每个人都要有其爱好，有爱好就不要放弃。

采访人：年青人在工作中会遇到很多困难和困惑，大家的工作压力也不小，有时可能多多少少会出现一些心理问题，您一直以来特别关注青年的心理健康。

田力普：心理健康确实很重要，有心理专家研究过，人群中大概有七分之一的人患有不同程度的心理疾病。设想一下，如果我们局也有七分之一，那就不得了了，那得有一两千人。客观来讲，我们这个职业相对封闭、内容相对单一，各自有一摊事，完成了任务就回家，往往缺少人和人之间的交流，容易产生心理问题。

我们党第一次正式提出关注心理问题是在 2007 年十七大的时候，十七大报告中首次出现了"人文关怀"和"心理疏导"的字眼。而我们局在 2006 年第一次青年工作会后，就开始重视这个问题，着手调研，并聘请心理专家等等，现在看来还是很超前的，十八大报告上也提了这个事情。我们局的青年同志很活跃，也确实非常优秀，素质高、能力强，但正因为素质高，一旦出现了心理问题，往往也会是高级的问题，所以局党组一直高度关注，也采取了很多措施。

采访人：咱们局各级领导对职工的文化生活非常关注，也是想在这方面更好地引导大家增进交流、缓解工作压力吧。

田力普：我特别鼓励大家参加文体活动。我记得我们年轻的时候，80 年代初，虽然条件很艰苦，但也坚持参加各种文体活动，比如夏天下河游泳，虽然每年夏天都有淹死人的，但我们不怕，我们还有各种球队。那时每周工作六天，只有周日休息，周日要洗衣服、去澡堂子洗澡，还要干一些个人的杂事，这就占了很多时间，文体活动的时间就更少了，这种情况下也得挤时间，那时出门都是骑自行车或走路，不像现在出门必须得坐车。后来有了孩子，孩子来北京以后，就买了辆三轮车，我蹬，老婆和孩子坐在后面，一家三口周末都要出去。

文体活动也不只是简单的活动，大家在一起的过程也是一个交流。后来我研究过，运动员或者专业搞体育的群体基本上没有抑郁症，主要原因之一，就是他们经常参加集体类体育活动，有比较多的交流。并且，体育比赛的规律就是输得多、赢得少，赢家毕竟是少数。比赛中经常经受挫折，心理承受能力也就逐步增强了。现在有些年青人从小一帆风顺，从家门到校门、从校门到机关门，总是很优秀、很顺利，没经过什么挫折。到了机关里，经历过几次挫折，如果调整不好，可能就崩溃了。所以我们提倡机关文化建设，提倡丰富多彩的文化生活。大家要有意识地让自己在业务工作之余，拿出更多的时间搞文体活动，发挥出每个人的特长。我们不强求一致，鼓励每个部门、每个单位都自己组织，也不要怕出事，运动中受点伤有时也难免，不要那么谨小慎微。

我还是鼓励青年融入到我们局这种重视机关文化的氛围中来，这件事情很重要，年青人一定要多活动。原来我们出国学习的时候，条件也很艰苦，国家给的补助也就满足日常吃住和交通等基本费用。但我们也闲不住，跟德国

2007年，国家知识产权局首届职工运动会，
田力普为冠军运动员颁奖

朋友一起打乒乓球、打排球、滑雪等等，这就需要个人的主动性。如果总在家呆着，不和人交往，学习完了就回家把门一关，时间长了就不利于心理健康。

采访人：您刚才提到游泳、打球、滑雪，您还是音乐发烧友，这些方面的兴趣是不是一直持续？

田力普：对啊！我从三十多年前开始滑雪，现在还滑。我也是一直喜欢音乐，没事时就找一些自己喜欢的歌听。有自己的爱好，确实是好。我有很多国外的多年好友，EPO 的、德专局的，有一件事给我印象很深。有一次他们给我带来了一本很厚的大画册，画册是 EPO 化学审查部硅酸盐领域的一个审查员做的，讲的是欧洲中世纪以来玻璃瓶的考古研究，收集了很多古代各种形状的瓶子，涉及整个进化的工艺、特点、配方、成分等，非常专业，当时给我很大的触动。一个普通的审查员，能将业余爱好玩成了专家，并且在如此窄的一个考古领域有这么高的造诣，非常了不起。

后来我把这本书拿给其他人看，我说咱们局未来能不能出这样的审查员？咱们现在也开始有了。你像我知道的，报社有一个记者，是徐霞客的研究专家，他收藏的徐霞客游记版本好像是全国最厉害的，最早最新的他都有，中央电视台拍徐霞客的节目都得找他。还有两个普通的审查员，夫妻俩，一个在审查部，一个在下属单位，专门研究手表的专利，发表了大量的文章。我有那个杂志，差不多每期都有他们俩的文章，图文并茂，比如说瑞士专利多少号，讲了一个什么什么技术，这个表有什么特点，结合自己的专业和时尚的内容，非常好。

采访人：近期，咱们局的三个青年审查员写了一本《乔布斯的发明世界》。

田力普：那本书我看了，书不厚，写得挺有意思。原来还有一本书叫《乔布斯传》，是在乔布斯一去世就出版了，我当时马上就看了。看了之后，我个人体会，就是一本美国知识产权的创造、运用、保护的一个实务教程，完全是一个活生生的教材。现在，我们的同志能把这方面的内容写成书，我也很高兴。做这些事情，可能跟你的业务有关系，也可能没关系，但对于提升整个人的价值、能力水平，包括你的心理状态都有很好的帮助。

当然我们也不可能要求每个人都学有专长，都这么厉害，但肯定的是，每个人都要有其爱好，有爱好就不要放弃。有这种生活的爱好和乐趣，人就不容易产生心理问题。

咱们还有一群旅游爱好者，登山的、驾车的、远游的。我们要鼓励大家，丰富自己的生活。那天我参加培训中心的一个答谢晚会，培训中心员工自己演了个节目，沙画。在摄像头下，玻璃板上洒出的画变化无穷，非常有意思。咱们局有人才，各种各样的人才都有。

> 我希望形成这样一种状态，在这个机构里，青年人能够成长、成才、成功，并实现自己的人生价值，而且是愉快的、高兴的、舒畅的，不是很苦恼、很沉闷、很消沉的。

采访人：2006年，我们局召开了第一次青年工作会议，我还记得，那时，我们几个都是刚入局，也兼职做团工作，当时全局青年都很振奋。所以想请您聊一聊，从局领导角度出发，当时是基于怎样的考虑？

田力普：2002 年开始，我们局党组提出了实施知识产权战略，建设知识产权强局的愿景。我 2005 年担任局长，上任后，就在考虑这个目标是非常宏伟且非常明确的，但也是不容易实现的。后来经过一年多的考虑，经党组讨论同意，提出支撑这两大历史任务的完成，要有一个中心环节，就是干部人才队伍建设。因为如果没有人才队伍，两个任务都不好完成。这个概念是在 2005 年到 2006 年提出的。加强干部队伍的建设包括很多方面，比如培训，比如加强交流，让干部到基层去锻炼，桑植、崇礼扶贫，以及我局和地方、复审委和人民法院之间干部交流等，但是，还有一个更大的事情，就是青年工作。所以，2006 年党组讨论时，我提议召开一次青年工作会议。后来决定召开首次全局青年工作会议，专门就我们局的青年工作作出部署和安排。当时印发了关于改进和加强青年工作的文件，共三十三条具体措施，2009 年又召开了第二次青年工作会议。这样就把青年工作作为我局干部人才队伍建设的一个重中之重，摆在一个突出的位置。

2009 年 9 月 14 日，国家知识产权局召开第二次青年工作会议，会上田力普（右四）做重要讲话

2007 年初，我向吴仪同志汇报，把会议材料拿给她，并当面跟她讲我们的想法和思路，然后，吴仪同志一月份给我们局青年写了一封信。这封信，我觉得确实体现了我们老一代的领导人对我局青年的

关心。

知识产权是一个朝阳事业。青年同志从开始就作为一个重要力量加入进来，我局从筹建，逐渐地由小变大，由弱变强发展的整个过程，青年一直都在直接地参与其中，现在更是主体。所以，未来工作还是要靠青年同志来完成，从局里来说，我们有责任让青年同志在我们这个组织里，不光要完成工作任务，还要让青年同志在我们局工作的这段时间里成长、成才。

我希望青年能够成功，但成功不等于当司长、当部长、当局长，而是要在事业上，能够独挡一面，能够挑起担子来。无论是在审查岗位，还是在管理岗位，在各个部门，都是可用之才。使我们的每一项工作都能够继承下来，继续做好，需要加入你们的贡献。

我希望形成这样一种状态，在这个机构里，青年人能够成长、成才、成功，并实现自己的人生价值，而且是愉快的、高兴的、舒畅的，不是很苦恼、很沉闷、很消沉的，这是我的理念。对每一个青年人我都有这样的期望。当然年轻同志会有各种各样的问题，但我觉得还是要调整心态，要理解组织上的一片苦心、安排和我们的目标。有的审查员觉得，我们就是审查机器，每天任务、质量压得我们喘不过气来，这是一种负能量。既然选择了专利审查这个行业，就要首先把本职工作做好。我们也鼓励支持青年同志在做好工作的同时，要有丰富多彩的个人生活和爱好，这些局里也会尽可能地给大家创造条件。局里对青年人寄予了很高的希望，因为青年代表了我们局的未来，青年工作做好了，我们局的工作就能做好，青年工作做不好，我们局的工作就做不好。

如果我是个年青人，即使结婚了，也有小孩，我想我还是会选择到京外审协的。30 年的机遇可遇不可求，鼓励大家以各种方式加入到京外审协的建设中去。

采访人：如您所讲，我们的事业现在发展得特别快，几个京外审协中心正在建立当中，现在年轻同志对此特别关注，想参与进去，但是也有一些困惑，请您介绍一下目前局里的一些考虑。

田力普：这个问题很重要。申请量的快速增长以及我们局在北京地区的条件限制，迫切要求我们要跳出北京，跳出编制，在京外建立审协中心，充分发挥中央和地方两者的积极性。京外审协的目标就是接收未来我们局所有新增的审查任务。如果京外审协建设不好，我局的专利审查就会受到极大影响，所以京外审协是我局审查业务能力建设最重要的任务。

建设京外审协最重要的是人力资源的投入，不光是招聘，还包括培训等很多方面的工作，所以需要专利局及各部门、各单位齐心协力来帮助京外审协的建设。我们鼓励和支持家在河南、江苏、广东等地的同志回去。更重要的是，我们要调动局里所有的资源来支持和帮助京外审协的培训工作，这需要很多的人力资源。

可能大家会想我家在北京，老人小孩都在这，困难一大堆，不愿意去。其实，局里的政策很明确，鼓励大家去，尽量给大家提供好的工作和生活条件，而且我可以负责任地告诉大家，今后两三年，最多不过五年，京外审协的永久办公地点会建成，而且会比咱们北京蓟门桥、紫金、银谷要更漂亮、更美丽、更舒适，生活条件也比北京好。所以，青年人还是需要一些进取心，眼前的利益要考虑，但是从长远的发展来说，眼界还是要更广阔一些。

与采访人员合影，左起依次为邵源渊、田力普、卢学红、王磊

同时，我们的政策也是非常宽松的，主要还是双向选择，组织上号召大家，而不是硬把你派去，完全尊重个人意愿。政策的引导还是鼓励大家去，引导主要体现在对青年将来的晋升，按照中央的要求行政管理的晋升要求必须有两年的基层工作经历，审协就是基层，外地就是基层。另外，我们现在的政策是调任，很多国务院的部委都有外地机构，人家不承诺，调任就是调任，什么时候回来是工作需要，不是想回来就回来。但是我们局党组内部有一个共识，由于我们以前没有京外机构，现在第一次有了，大家可能还有一些各种各样的顾虑，为了打消大家的各种顾虑，我们的原则是工作一定年限，本人愿意回来，是完全可以回来的。

如果我是个年青人，即使结婚了，也有小孩，我想我还是会选择到京外审协的。因为京外审协的建设，非常像80年代初我们建局初期的状态，一切都是空白的，那时的机会我赶上了，两分钟就做了决定，三十多年后机会又来了，而且你们可以用两天，用二十天来做决定，可以跟父母、跟爱人商量，反复地进行琢磨，进行规划。但是聪明的同志用不着这么长时间考虑，明摆着的事，家里的问题总会有的，但机遇可遇不可求，不是每天都会有的。所以，我还是强烈地呼吁大家，鼓励大家以各种方式主动地加入到这个行列。我们需要大量的培训资源，如果觉得家庭有牵挂，就当培训老师，在那儿呆几个月，以后经常过去，或者网上培训等等。如果有兴趣，可以调过去。还有一种方式是工作一段时间，比如三五年，如果还是愿意回北京，各种途径都是畅通的。

另外，大家经常会问，以后京外审协都做审查，我们干什么，专利局与审协的定位和职能区别在哪？将来专利局和 7 个审查协作中心，职能分工是非常明确的，专利局更像一个总部基地，负责培训、审查指南规则、涉外审查业务、审查相关的信息化、专利文献、PCT 业务等，另外，还有一些和中央部委的合作，对企业的服务、咨询，对中央各个部门专利方面的服务，还有复审工作。所以，我觉得将来的职能分工可能要更加明确。专利局的同志任务不是减轻了，而是更加繁锁，更加上位、高端一些。7 个审协都是专利局的审查协作中心，其主要业务一方面是审查，另外也基于地方的需求，进行社会服务。所以说，审协的建设，对于我们局来讲是一个战略性的布局，这个布局可能以后会影响到我们局未来几十年的发展。

◉ 个人简历 ◉

　　黄坤益，1926 年 8 月 15 日出生，湖南长沙人，1950 年 6 月毕业于重庆大学工学院机械系制造专业，1950 年 7 月参加工作，1952 年 9 月 4 日加入中国共产党。曾任中国科学院外事局副局长、国家科委外事局副局长，1982 年 6 月至 1987 年 9 月任中国专利局分党组书记、局长。2009 年 1 月 4 日逝世。

他见证了中国专利制度

被访人：黄坤益

采访人：赵晓东　卢学红　赵　勇

采访日期：2008 年 6 月 13 日上午

采访地点：黄老家中

编者语：1982 年至 1988 年，黄老担任了中国专利局的局长。老先生是在农村长大的，初中时只想当一个小学教员。后来上了大学，毕业了，解放了，感到有工作做就是莫大的幸运。黄老现在是一位八十二岁高龄、朴素而勤奋的老人，家里堆满了书，因为"不想被这个时代抛得太远"，所以每天都坚持读书看报。黄老身体瘦小，眼睛里却饱含热情，精神的强大和肉体的赢弱形成强烈对比，让人十分感动。将近两个小时的采访，老先生面带微笑，缓缓而谈，过去的那些事情，通过他的讲述，一一呈现在我们面前。抚今追昔，令人感叹！

专利制度建立之初的争论。

采访人：黄局长您好！打扰您了！

黄坤益：你们来得正好！现在我们这辈人已经不多，难得团委的同志还对我们这些老头子感兴趣，很欢迎和你们交流，其实我也是老团员，而且正好是建团的时候第一批加入新民主义青年团的。

采访人：那我们这个月来采访您还真是来对了。

黄坤益：关于专利局，你们年轻人不了解得太多了。原来的专利局是隶属于国家科委，但是我到这儿的时候，关系已经转到国家经委。当时国家正进行体制改革，科委一共才二百人，专利局已经是三百多人了，所以那时就说专利局和科委的关系是"裤子钉在扣子上"。后来武衡同志找我谈话，很恳切，从来没有那么客气过，他讲专利制度的重要性，他说他非常遗憾，现在要退居二线，

采访时黄老近照

所以考虑让我去，而我的任务就是要准备向国务院汇报的提纲。

采访人：为什么要做这次汇报？这个汇报提纲是关于什么的？

黄坤益：1982 年我来专利局之前，《专利法》起草并报到国务院已经一年多。国务院审议的时候，各方面意见分歧很大。而且这个分歧不光是部门的领导，还有些专家学者甚至是在国外申请过专利的、

很有影响的人物，他们也反对。

采访人：为什么反对？是反对一部分还是反对整个制度？

黄坤益：反对的意见各式各样。所以我到专利局以后第一个任务就是考虑怎么能把《专利法》的制定启动起来。正好那时国务院领导要召开一次专门讨论专利工作的常务会议，会议提出两个问题：一个是分歧是什么？另一个是专利局的意见如何？所以这次会议意义重大，决定着专利制度的命运。

我是 1982 年 6 月 21 日到中国专利局的。当时我有个习惯，做任何事情都要调查研究，先把情况了解一下。具体到这件事情上就是要弄明白为什么这个专利制度报到国务院一年多还通不过？所以就把所有的文件、所有对外的宣传资料以及各个方面的东西，都先看了一遍。之后写了一份进专利局之后的讲话。这份讲话稿，到现在都留着呢！

采访人：现在还留着？

黄坤益：那当然，这东西不能随便扔。

采访人：这个很有纪念意义，档案室应该有吧？

黄坤益：档案室应该有这个讲话。当时的意见分歧一方面来自国内，另一方面来自国外，他们对中国的看法不一。国内的总体来说，第一个是我们现在是发展中国家，没有什么发明创造可以仿造，现在建立还为时过早；第二个是认为专利制度是资本主义国家的产物，只能保护外国人，不能保护自己，所以现在如果要进行技术引进，搞个技术引进条例就够了。国外则是因为怕中国搞前苏联的双轨制，对外建立专利制度，对内搞奖励制度——很多发达国家都担心中国会走前苏联的那个老路。前苏联当然也极力关注我们。另外局内思想也存在分歧，文化大革命刚结束，人员来自各方，相互之间互相监视，你这个领导跟谁谈话了，你是支持谁的……像这种意见是动不动就小报告上去了。当时就是这么个情况。

组织决定让我到专利局工作，我也是第一次进这个门坎，多深多浅还要经过一段时间的了解。我国专利制度的建立，在武衡等同志等各位的领导下，两年时间做了大量的工作，《专利法》草案已经起草了12份。

1984年12月6日，黄坤益局长在第一次全国专利工作会议上讲话

我在上任时的讲话就是这样的："在新事物面前，要有一点创新精神，要有坚定不移的意志，要有踏实钻研的劲头，还要全局共同的团结协作，才能搞好。稀稀拉拉、四分五裂、垂头丧气、阴阳怪气是不可能把新事物创造起来的。"这个在当时有一定的针对性，到底搞不搞专利制度，你去摸摸领导的决心，有没有决心，有决心就搞，没有决心就散。"新班子也不是天上掉下来的，要靠大家共同去努力想办法，希望得到大家的监督，有不同的意见最好都能在会上发表，在会上允许提不同的意见，可以争论，但是不要分派，真理越辩越明，不要计较谁的脸色如何、谁的态度如何、声音高低如何。我不是提倡吵架，而是希望大家通过共同努力把事情商量到最好，节约能量。"（节选）

这是我第一天进门时讲的，这是我原来的发言稿。

为专利制度在中国建立所做的努力。

采访人：您的这个讲话非常实在！您当时是准备如何向中央汇报呢？

黄坤益：我做事情喜欢用双轨制，一方面让别人准备，另一方面考虑自己抓什么。当时决定由雷激同志起草汇报提纲，直接负责情况收集。我自己则研究两个问题，一个问题是专利制度产生和发展的历史范畴是什么。一个事物如果是处于不断发展中的，这个事物就肯定有它自己的道理。根据了解，专利制度在资本主义制度之先就早已经萌芽。根据小平同志已经提出来的要借鉴国外的经验，我们要开放。在 1979 年 12 月 16 日，中美宣布建交。1979 年建交时，签订的第一个协定就是中美科技合作协定，合作协定的文本是我在国家科委外事处负责的，由我具体和美方商谈。和美方商谈时，美方提出来要保护知识产权，但是我跟美方说，我们现在没有这个制度。所以后来达成执行科技合作协议的时候，可以商谈的问题就包括知识产权问题。

另外一个问题是，《专利法》保护了发明创造，那么发明创造的本质是什么？它值不值得保护，需不需要保护？所以当时我重点看了各种不同的资料，从查字典看"法"的定义开始。这也是我过去工作的一种习惯，一方面应该有这方面的材料准备，另一方面对核心的重要问题，一定要把它吃透。

作为社会主义国家，要汲取各方面的长处，但是必须有中国的特色。后来我改了两个地方：

第一，专利制度是在技术成为商品的历史条件下产生和发展起来的，它有比较长久的历史范畴，在资本主义社会形成之前就已经萌芽，在资本主义的商品生产调配下得到很大的发展，社会主义当时就有计划的商品经济，但不管是有计划还是没计划，总归是商品，有它的生命力。在《资本论》第一章里面马克思就讲了，商品是为他人生产使用价值，这就和其他东西不同了。过去毕升搞活字印刷，是因为自己刻版刻错了，要挖个窟窿把它给补上。但是在资本主义社会里面，通过社会交换，先为他人生产，就好比我现在生病了，我现在研究的不是要治我的病，而是要为他人治病，所以这个发明创造的目的是很不一样的，搞发明创造的是为社会。所以必须要采用这种方式进行交换。过去由于没有法律保护，发明创造都是"同行是冤家，隔行如隔山"，"传儿传媳不传女"……所以这个专利制度的实质在于信息公开，保护本身不是目的，保护是国家给你法律保护，你把你那个信息公开了以后，谁谁谁有了发明创造，你再去做那就不叫发明创造。所以专利制度的本质是调节发明创造的关系，促进发明创造信息的公开，在公开信息的基础上，作出更新更好的发明创造，从这点来讲，社会主义制度很需要这种制度。

第二，发明创造是一种创造性的脑力劳动，它也是劳动的成果，保护发明创造也就像保护工人制造的机器和农民生产的粮食一样，是一种劳动成果，而且是保护最新的创造。不仅是保护外国人，也是保护我们自己。保护外国人是为了了解世界性的发明创造，在这个基础上作出更好、更新的发明创造，这也有利于激励我们进行发明创造。

我就在雷激的稿件上面修改了这两点。后来要向国务院汇报了。大约是9月份，非常严格，不能带助手，就是你一个人，还要自己做记录，记录是为了没有到会的人用的。所以，那一次对于我来说是比现在的高考还重要的考试。

采访人：这个汇报关乎中国专利制度建立的成败是吗？

黄坤益：是的。当时是赵紫阳当总理，姚依林、李鹏、杨玉林、陈慕华这些同志参加，都一个一个的表态。陈慕华还拿着一个杯子

1984 年 12 月 10 日，时任国务院副总理李鹏（右三）参加专利局大楼奠基典礼，黄坤益（左一）陪同

问："你这个也保护呀？"我就解释，杯子有带把的，也有不带把的，带把的就比不带把的更进一步，因为它不烫手了。

后来大家就表态：从长远的、发展的观点看，我们国家的确应该建立专利制度！我当时就感觉有希望了。

建立之初所做的工作。

采访人：您汇报的时候就拍板了吗？

黄坤益：当时还没有，但是他们一表态，其他的问题就比较好解决了。

所以"解放思想"终究是说起来容易，做起来很难。当时是要看马列主义中有没有关于专利制度的论述，有同志给我说好像马克思在一个地方讲过"专利是一堆废纸"，后来知道那是因为马克思曾经

抄写过专利文件，至于毛主席，就更没有说过专利的事情。所以我觉得我们自己局内的干部要解放思想，学习马克思主义要从精神上学习，马克思有关商品的好多论述都为我们专利制度的建立提供了重要的理论知识。

后来，我就写了个《中国专利制度总论》。马连元同志在美国进修时，在哈佛大学的图书馆里也看到了这本书。

采访人：咱们局里档案室里有这本书吗？

黄坤益：局档案室不一定有。当时我去地方讲课，有的省领导说：黄局长，我对培训的老师说了我愿意学习，但是我一直忙得不得了，你们最好能有比较薄的小册子，我能够在晚上睡觉的时候看一看，学习一下，所以后来我就写了这本小书。

咱们的专利制度建立以后，美国爱管闲事啊，他们就搞了个听证会，最后一致认为中国的《专利法》是一部现代化的专利法，但是中国专利制度的实施由于缺乏专门的人才，在 15 年内是搞不好的。另外他们认为搞专利的人才最好是双学士，学工的，有专业知识，同时也学习了法律知识。这一点是很值得借鉴的。

中国的《专利法》通过的时候，有些事情闹得很紧张。《专利法》公布了以后，肯定要引起世界非常广泛的关注，所以必须中文和英文本同时发表，不能随便让人翻译得乱七八糟，先入为主，以后再去纠正就麻烦了。所以我们就找了汤老（指汤宗舜）和几个人先将英文译出来在 WIPO（世界知识产权组织）等着，这边我们人大举手刚通过，那边一看没有修改，当天就同时用中英文向世界发布了。

后来，香港的专利公司要举办一个中国《专利法》讨论会，要我去做报告。尽管那时已经是圣诞节了，美国、日本却都来得非常踊跃，每张门票 100 美元，很快就卖出去了。一般做报告都是讲完后，要有半个小时的提意见时间。但是我说我上午讲完，再给出一个下午来让人家充分地提意见。

1984 年，时任 WIPO 总干事鲍格胥（左）会见黄坤益局长（右）

还有一个问题就是专利大楼的建设。国家计委说你们要求四五万平米的话就要作为重点工程来批，但是作为重点工程你不够份量。当时考虑到如果地址刚申请，然后马上又变更的话会带来一系列麻烦，所以专利申请的地址必须就在蓟门桥这个地方。我们为此在蓟门桥盖了一个小的申请处。1985 年 4 月 1 日开始接受申请时，我只讲了三句话，第一句话：《中华人民共和国专利法》今天开始生效！第二句话：欢迎国内外的申请者前来申请！第三句话：登记开始！

无论搞什么工作，我从来都没有请过客。但是在 WIPO1985 年 4 月 1 日那一次年会之前，我提前一个月就跟大使馆发电报，说这次来准备要请客，请世界知识产权的总干事、副总干事、司长以上干部的客。

世界知识产权组织的负责人是好客的人，他找了一个最显著的地方，把中国的专利陈列出来，让世界人民都能够看到中国的专利是什么样子。不仅如此，他还写了序言。而且还提出来让我担任 1984 年世界知识产权组织成员国会议的主席。这个位置十分重要，包括日本都好多年都没有当过。当时苏联还没有解体，他们请我吃饭，说让你当大会的主席，这是对中国的重视。我说对，绝不是针对我个人。

所以，中国专利制度的实施，在国际上影响是很大的。我们做了很多工作，比如让局里当时的一百多人三人一组，分别到全国各地去讲课。这是接受了泰国的教训，泰国专利申请由于事前没有做好准备工作，所以问题很多，后来又停了 10 年才重新进行审查。

开始接受申请第一天，我们的申请量就达到了 3455 项，这个数字我始终记得，而且国内申请、国外申请的比例是一半一半，我也是很满意。如果说只有国外申请，没有国内申请，那就说明我们国内的积极性没有调动起来。如果只有国内的申请，没有国外的申请，那说明我们没有执行好改革开放的政策。所以最后发了一个电报，中国创造了世界专利历史的新纪录！

1985 年 4 月 1 日，时任专利局局长黄坤益在第一件专利受理仪式上讲话

我们到美国访问英特尔集成电路发明家路易斯时，他说你们真了不起！中国人是一个富有创造性的民族，我相信你们在专利制度的推动下，一定会有更多的发明创造去实现！美国发明创造协会创建有 100 多年了，负责人见到我就说，你们一天就有那么多专利申请，我

们专利实施 50 年，才达到年申请量 5000 件！

采访人：听说那个时候咱们局就开始进行自动化技术的开发了？

黄坤益：是的，我们还有一些事是做得很不错的。我到专利局之后，认识到自动化是专利制度中很重要的一项工作，于是一共调了 30 多位专利人员在自动化办公室。这样，在中国专利制度的一开始就在向自动化迈进。当时同德国签定了合作协议，但是后来发现德国对中国《专利法》并不熟悉，我们要实行计算机管理，它好多问题解决不了，从而影响到我们的工作，因此我们自己弄了一个小机子，自己开发这个软件，当德国说不行的时候，我们马上把我们这个软件亮出来。这让他们感到非常的震惊。

另外，现在科学技术的发展，发明创造的集成也成为一个必然的趋势，发明创造不是一个专业、两个专业，而是很多专业在一起，要对这样的发明创造进行保护，我们的审查员同志就必须在自己的专业上要进行扩充。

现在的科技发展很快啊，有人说大学刚一毕业，你学的 80% 的东西已经过时了，何况专利是要申请世界最新的发明创造！我深深感到这一辈子是学不完的。所以每天我要看报，上午要看 2 个小时，来知道世界各方面的发展情况，但是已经跟不上了。

采访人：刚才您说了发明创造的集成，对此我深有体会的。前两天刚审一个案子，它就把混凝土结构和电磁屏蔽结合起来了。

黄坤益：所以现在要不断地培训，我们培训中心不仅要把扬州大菜做好，而是要真正扎扎实实地作出贡献。

我们专利局关于人才培训，不同的岗位应该有不同需求。德国的处长就要专门进行培训；另外，比如说日本的富士通，它提拔干部要办学习班，你要自愿去参加，如果参加三年了你还没有提上去，你以后就再不可能升迁。所以提职到不同的工作岗位一定要有专业的培训。还有，日本富士通进行培训的时候，社长再忙也一定会出席，而平时可能有人来了很多年还见不到社长呢，但是你开学第一天就见了，那是他的重视。

关心国家、关心人民。

采访人：另外，我听说这次汶川地震您捐了一万元的特殊党费，并且您是早上听广播说要号召交特殊党费后，自己就去了，局里并没有通知。

与采访人员合影，左起依次为赵晓东、
黄坤益、卢学红、赵勇

黄坤益：我为人民做贡献也就这些能力了，汶川抗震救灾太感人了，我不能无动于衷，电视和广播中看到、听到那么多地震的画面和感人的事迹，我觉得他们都需要关心，所以交点党费是应该的。

采访人：谢谢您接受我们的采访，我们很感谢，也非常感动！

黄坤益：非常感谢！

后记：

黄老在此次采访后不到一年就去世了，至今他的音容笑貌仍在我耳边回响，他的一生是老一辈无产阶级革命者的一生，同时他见证了中国专利制度的诞生，是所有中国专利人的先驱。

◉ 个人简历 ◉

蒋民宽，1930 年 5 月出生，江苏吴县人。1961 年 6 月加入中国共产党，研究员级高级工程师。1950 年起任东北工业部有色金属管理局四〇一厂技术员、车间代主任、厂工会副主席等职。1952 年起，在东北工业部抚顺俄语训练班学习，后到苏联乌拉尔卡明斯克铝加工厂学习，任技术股代股长，车间副主任、主任。1955 年后任国营一〇一厂车间副主任、主任，试制车间主任、厂生产指挥部副总指挥。1966 年后，任国营一二二厂副总工程师、总工程师、副厂长、厂长。1982 年起，任四川省副省长兼省计经委主任，四川省委副书记、四川省省长。1988 年起任国家科委副主任、党组副书记。1988 年 5 月至 1989 年 10 月兼任中国专利局局长。1990 年起任中共中央统战部常务副部长，曾兼全国工商联党组书记、副主席。2004 年退休。2012 年 6 月 6 日逝世。

蒋民宽同志是中共第十二届中央候补委员、中央委员，第六届全国人大代表，第十三届、第十四届中央委员，全国政协第七届、第八届、第九届常委，第九届全国政协教科文卫体委员会副主任。

廿年有感[1]

一、20 余年前的武衡诸同志发起制订《专利法》，在中国实行知识产权真是确确实实地贯彻邓小平理论，具体地在中国实践一项重要的改革开放。

二、以知识而有产权，进而可以专利，这哪是什么计划经济，是知识进入市场的赤裸裸的标榜，是市场经济。然而又有中国式的"专利法"可以和中国式的社会主义相适应，应该说是具有中国特色的社会主义市场经济的一大突破。

三、在全球化的经济中要发展就离不开两个市场、两个资源。无论是市场或是资源随着时代的前进，知识的份量将愈来愈重；在经济结构上想要持续稳定地又好又快地前进，也必须加大加重知识的份量；今后的改革开放，进一步打开国门也好，被人家敲开国门也好，呼啸而来的将是知识（重大资源）和产权（重大市场），其中的一部分表现为专利。

四、党的十七大和锦涛同志报告中强调指出：要求我们用科学的发展观指导和统帅今后的改革开放和发展。没有知识怎么会科学？知

---

[1] 原稿附后，此处相对于原稿有修改。

识愈多愈深，愈科学，将知识作为重要的资源，充分运用市场经济客观规律和条件，为建设强大的有中国特色的社会主义国家服务。这就不单要重视知识产权、专利的运用与发展更需要将知识产权、专利和中国特色社会主义市场经济结合起来，创造出比资本主义运用知识和资本主义市场经济更突出的成绩。

五、中国知识产权局近来在田力普局长领导下不断改革创新，使中国的专利和知识产权形势已有不小的改观。今日缅怀20多年前武衡等老前辈勇于突破、改革开放的精神，祝新一代以至今后更多的年轻的知识产权专利工作者继续奋发有为，像中国举办这届奥运会一样，创造出更多更新更高更好的业绩。

祝同志们身体健康！多多保重。

蒋民宽

2008 年 8 月 19 日

后记：

应国家知识产权局机关团委和《知识产权青年》编辑部的约稿，在离退休干部部的联系下，原中国专利局局长蒋民宽同志给机关团委来信《廿年有感》，刊印在 2008 年第 3 期的《知识产权青年》"对话"栏目中。

廿年有感

一. 廿余年前以武衡诸同志发起制订「专利法」在中国实行知识产权真是踏·实·地贯彻邓小平理论具体地在中国实践垂项重要的改革开放。

二. 以知识而有产权进而可以专利,这那是什么计划经济是知识进入市场的赤裸裸的标榜,是市场经济。些而又有中国式的专利法"可以和中国式的社会主义相适应,应该说是具有中国特色的社会致市场经济的重大突破。

三. 在全球化的经济中要发展就离不开两个市场两个资源。无论是市场或是资源随着时代的前进知识的作量举愈俎愈重;在经济结构上想要持续稳定地又好又快地前进也必须加大加重知识的作量;今后以改革开放进一步打开国门也如,被人家踢开国门也如,呼啸而来的将是知识(重大资源)和产权(重大市场)其中的一部份表现为专利。

四. 党的十七大和锦涛同志报告中浯调指出,要求我们用科学以发展观指导和统帅今后的改革开放和发展。没有知识更无会科学了知识是发念深总种学,将知识作为重要的资源,充修运用市场经济客观规律和主体自适的为了大的有中国特色的社会主义国家服务这就不单要重视知识产权专利的运用与发展更要要将知识采取专利和中国特色社会主义市场经济结合也来创造出比资本主义运用知识和资本主义市场统修更实出的成绩。

五、中国知识产权局近来在田力普局老领导下不断改革创新使中国的专利和知识产权形势已有不小的改观今日缅怀廿年前武衡等老前辈勇于突破改革开放的精神,祝新一代以及今后更多的年轻的知识产权专利工作者继续奋斗有为像中国举办这届奥运会一样创造出更多更新更高更好的业绩。

祝同志们身体健康事心愉快。

蒋民宽

二〇〇八·八廿九.

蒋民宽同志亲笔致信《知识产权青年》

◉ 个人简历 ◉

    高卢麟，1935 年生于上海市。1954 年入读莫斯科地质勘探学院、1959 年入莫斯科地质勘探学院读博士研究生，教授级高级工程师，中国共产党员。1963 年回国后历任地质勘探研究所工程师、地质部科技司工程师、国家计委工程师、国家经委质量局副局长、局长，科学技术局局长。1987 年 9 月至 1998 年 4 月历任中国专利局副局长、局长，期间，1991 年 5 月任中国知识产权研究会理事长。1998 年 4 月至 9 月任国家知识产权局局长，之后被派往联合国世界知识产权组织任高级顾问。在北京大学法学院等多个院校任兼职教授。现任中国知识产权研究会名誉理事长、中国互联网络信息中心高级顾问。鉴于业绩显著，先后荣获德国总统大十字勋章、欧洲专利局国际合作奖章，被选为俄罗斯国际工程院院士。

老局长的新"东方"

被访人：高卢麟

采访人：赵晓东　卢学红　赵　勇

采访日期：2008 年 8 月 14 日

采访地点：北京东方亿思知识产权代理有限责任公司

编者语：高先生的生活一如既往的充实而繁忙。1954 年，年仅18 岁的他去苏联留学，在那里，毛泽东站在他们这些年轻的留苏学生面前说："世界是你们的，也是我们的，但归根结底是你们的。"回国后，他经地质部、国家计委、国家经委，最后来到专利局当了12 年的局长。1998 年去世界知识产权组织任高级顾问，回国退休后创办了北京东方亿思知识产权代理有限责任公司。至今，年逾70 的他仍然精力充沛，管理公司的同时，每年还飞去美国芝加哥约翰马歇尔法学院讲一周两个学分的研究生课程。帅气爽朗这个词，今天仍然可以恰如其分地用在这位专利事业的前辈、一位"不会变老"的老局长身上。

专利事业蓬勃发展的十年

采访人：高局长您好！打扰了！您的工作经历非常丰富，在计委、经委都曾经任职，当时是在什么样的情况下来到专利局的呢？

高卢麟：来专利局之前我曾在勘探技术研究所、地质矿产部地质科学院、国家计委、国家经委等部门工作了20多年。从国家经委科技局局长调任至中国专利局任局长，当时比较年轻，还不到52岁。在国家经委时，中国专利局归口国家经委，我是经委和专利局之间的联系员。但是我来专利局以后，中国专利局又归口到科委了。

采访人员与高卢麟同志合影，
左起依次为卢学红、陈秀云、高卢麟、赵晓东、赵勇

采访人：当时咱们专利局的情况怎么样？

高卢麟：我来的时候是1987年，大楼还没有封顶，我们办公还在小六楼，到了专利局我没有办公地点。黄局长（指黄坤益）的办公室外面有一间会客室，放了一张桌子，当做我的办公室。黄局长回来的时候，就是他在里面办公，我在外面办公。有人开玩笑说还以为新来一个局长秘书。曾经有段时间，经委领导为加强专利局领导班子建设，曾问我要不要从经委派一个人过来帮忙管人事，我说不用了，我有信心依靠专利局自身的力量，把专利局的工作搞上去，这样就坚持下来。后来专利局升格为副部级单位，由国家科委蒋民宽同志兼中国专利局局长，他当时是四川省省长，在中央党校学习，后留任国家科委当常务副主任，而我们局又隶属于国家科委，所以那个时候就是由民宽同志兼任局长，我任副局长。专利局的局长都是总理任命的，专利证书也是由局长署名。民宽同志来了之后，他说，专利局的日常工作仍由我来抓，出于他的信任，也是他的决定，就出现了他和我一起签名的专利证书。民宽同志兼任局长的时间不长，但对专利局的帮助作用很大，对我的支持和帮助也很大。

采访人：《中国知识产权报》就是 90 年代初办的吧？

高卢麟：是的，这是民宽同志在专利局的时候我们做的重要事情之一。我记得非常清楚，我们当时没有报纸，曾经想和一家报纸合作，但经过种种努力，合作目的未能实现，后来决定自己办。这份报纸的创办是在民宽同志的领导下完成的，那个时候叫做《中国专利报》，报纸名字还是邓小平同志的亲笔题词。

采访人：咱们办这份报纸具体是什么时候呢？

高卢麟：那是我来了以后没多久，1989 年上半年筹备的吧，你们可以去查，很容易就可以查到。这件事在民宽同志领导下非常明确，尽管形势困难、任务重，但由于他的坚持，我们花了很长时间，克服了重重困难，后来终于正式出版《中国专利报》，后来随着形势发展，又扩大报道范围，改名为《中国知识产权报》。

采访人：您和蒋局长还合作过其他的事情吗？

高卢麟：再有一件事也是在民宽同志的指导下完成的。在当时专利授权之前有一个专利异议期。因为这个异议期就是发明经过审查员的审查、发通知书，尽管审查员已通过审查授权，但是还不是真正的授权，还有三个月的异议期。其实那个时候很多国家的专利制度都是这样的，但是我们觉得不好，因为在审查员审定的专利申请中，有异议仅占千分之几，万分之几，99.9%以上是没有异议的申请也要等待三个月才授权。所以我们就开会讨论，当时局领导意见不一致，我也感到没有把握，最后民宽同志主持党组会，统一了思想，把授权前的异议改为授权后异议，从而大大加快了专利审批流程的速度。

采访人：上次采访黄坤益老局长的时候，他就说到了咱们局的计算机检索系统。您上任时，这方面也取得更进一步的发展了吧？

高卢麟：当初，计算机检索系统仅是一个规模非常小的，以小型计算机为基础的教学系统。日常的专利审查和检索主要是手工检索，分类纸件文档。后来，通过国际合作，花了近五年时间，才建成现在的以 IBM 大型主机，存储量达到 10 个 T 的大型专利数据库检索系统，达到了世界先进水平。与此同时我们还建立了自己的网站，这在 15 年以前可是非常前卫的事情。中国专利局是政府各部门建立自己网站最早的部门之一。在建好我们自己的网站之后半年，我到欧洲专利局去，说起我们有自己的网站，他们还不信，我说我介绍给你们看看，就上了网了，上面不仅有我的照片还有中国专利局的一些图片，这让他们感觉十分意外。同时也增强了他们和我们开展自动化合作的信心。

采访人：您觉得为什么在国家政府部门里，计算机检索自动化这一方面，咱们局走在前面？

高卢麟：一个可能是咱们的工作性质决定的，专利审查是建立在检索各国专利文献基础上的，涉及各种文字千千万以上的专利文献。为开展高质量、高水平的检索，就要接触最前沿的计算机检索技术，

1991 年 1 月 21 日，《知识产权》杂志首发式；前排主席台（时任）：右一：刘激扬（知识产权研究会秘书长）；右二：费宗祎（最高人民法院法官）；右三：李继忠（商标局局长）；右六：顾明（人大法律委员会副主任）；左三：高卢麟局长

要学习和掌握这些技术；第二，专利制度是世界各国普遍采用的促进技术进步的法律制度，已有几百年历史。工业发达国家的专利局，如美、日、欧，都拥有先进的计算机设备，自动化程度很高。我们为了更好地建立自己的专利制度，平等交流，就是要大抓自动化，跟上世界前进的步伐，因此，加快实现自动化就成为我局的重要使命之一。我很高兴依靠我们专利局自己的技术人员，通过国际合作，在 20 个世纪 90 年代建成了达到世界先进水平的大型计算机专利检索系统和管理系统。这两个系统已成为开展专利审查工作的基础设施，从而基本摆脱了手工检索的时代，帮助我国进入世界技术先进的专利局行列。

采访人：听说咱们的知识产权培训中心也是您在任的时候建立的？

高卢麟：是的，知识产权培训中心也是那个时候建立起来的。专利制度在中国是 20 世纪 80 年代初才建立。为保障专利产业的健康稳定发展，培养和造就专利人才是一项迫切的任务。从选地、筹款、设计、营造以及教师队伍与教材，我们做了大量的工作，在空地上建起了一个设施先进的中国知识产权培训中心，编写了一套六本数百万字的专利教材。我们的培训中心在地理交通位置方面也是有优势的。韩国有培训中心，从首尔机场下来后，开车还要走半天多的路程，因此国际友人一般到达首尔后，第二天才能到达培训中心。但是咱们的培训中心，从机场过来，半个多小时就够了。培训中心在建的过程中，引起了各国的关注，世界知识产权组织、欧洲专利局、德国专利局的局长都过来参观过，给予很高的评价。培训中心的发展，对人员培养、国际交流的影响和作用日益扩大。现在通过与有关国内外法律院校合作，培训中心发挥的作用越来越大，被誉为世界上最好的知识产权培训基地。

记忆深刻的二三事

采访人：您当局长近 12 年，让您记忆深刻的事情一定非常多。

高卢麟：在我的任期内，我并没有发表过这方面的文章，但是如果要说记忆深刻的事情，还是很多的。1992 年，我们和美国关于知识产权的谈判，是很难忘的。这次谈判是在我任内完成的，而且谈判完了之后中国的专利工作得到了美国人的尊重。那个时候咱们的第一部《专利法》不保护化合物，不保护西药，包括人吃的药和动物吃的药。因为西药大多数都是化合物，美国人对这个有意见。当初《专利法》这样规定，主要考虑咱们国家的人口多，怕跟不上来。但是后来了解，化学制药公司当时研制开发一种新药所需要的成本平均是

3～4亿美元，现在大概是8亿美元。新药的研究和开发的花费占公司销售总额的比例是相当大的，世界不少大的制药企业都在15% ～20%左右。所以如果不对其进行保护的话，制药公司研究开发新药的成本不能回收，无法维持和继续其研究与开发。但是当时有很多国家的专利法开始也是不保护西药的。所以第一条保护与不保护的问题就是一个很大的问题。谈判的时候，咱们中央政治局有好几位领导同志负责把关。有一次中央开会讨论这个问题，把出差在半路上的化工部部长给叫回来了，征求他的意见，到底化合物保护不保护。那时候，把专利保护期延长至20年，我们答应下来了。然后就是关于药物的专利保护问题，1991年，美国人因为国内政治的需要，尽管双方谈判组基本达成一致意见，但最后谈判还是失败了。第二次谈判的时候，我们就加强了谈判力量，经过激烈的争论，争取了比上次对我们更有利的条件，这样据理力争反而得到人家的尊重。这一次谈判终于达成了一致。根据世界贸易组织关于与贸易有关的知识产权协议和与美国达成的谅解备忘录，我国《专利法》完成了第一次修改，将保护范围扩大到西药和化合物，发明专利保护期由15年延长到20年。尽管后来《专利法》也经过多次修改，但我认为这一次是最关键的。这次修改使我国《专利法》基本上与TRIPS达成了一致。

1994年4月12日，高卢麟局长在庆祝《专利法》颁布十周年座谈会上讲话

采访人：这是局里的大事。职工的生活方面呢？听说那时您也做了很多的事情。

高卢麟：说到生活上的事情，曾经有一次和德国专利局局长聊天，他说，高先生咱们换一下吧，你来当德国专利局局长，我去你们中国专利局当局长。我说，好啊，不过我来你们国家当局长肯定没问题，但是你来中国就不一定能做好这边的工作。为什么呢？因为当时职工的事情，不仅要解决住房、医疗问题，就是两口子吵架，都有人来找你。专利局当时的班车是大卡车，吃饭的地方也没有，你们可能不相信，我在专利局上班以后，每天中午吃方便面就吃了一年半。有的人不信，说你当局长的肯定有小灶啊，或者是其他的待遇，我说没有，专利局在职工食堂建起来后，也是没有供领导就餐的小食堂，我每次都和大家一起在大餐厅吃饭。

采访人：那时都采取了什么措施来解决职工的住房问题？

高卢麟：先讲一个实例。一位职工问到我，局长应抓专利局大问题。但什么是大问题呢？他接着说，解决广大职工的住房问题，是专利局的头号大事。专利局是一个新建的局，家底薄，职工住房欠账多，党组的同志都完全意识到这个问题的紧迫性。我们把解决职工住房问题作为专利局的重大问题之一，采取多方面积极措施，狠抓实干。为解决这个老大难问题，由一位副局长专抓住房建设。通过坚持不懈的努力，建设了现在的小营职工三栋住宅楼，加上一些其他房源，我离开专利局的时候估算了，大概解决了六七百名职工的住宅问题。这样一来，早期进局的老职工住房紧张状态得到了缓解。

采访人：您刚才没有说到医疗制度，我听说有许多老职工现在还因此而对您念念不忘。

高卢麟：因为专利局有自己的收入，有这个财政力量，所以职工的公费医疗情况一直是非常好的。曾经有一位刚入局不久的工作人员，在德国学习的时候发现肾有问题，我们就把她接回来了，后来她换了几次肾，巨额的医药费都是由专利局报销。这对于很多部门来说是难以想象的。我有个中学同学是国务院一个部门的退休干部，我听说他得了癌症，就去医院看他，他说他们单位对他说医院也没有更好的办法，单位医疗费用已经不够了，能回家养，就回家养吧。听起来很让人心酸的。但专利局的重病号都得到了应有的照料，对此专利局广大职工还是比较满意的。

采访人：我现在在人事司工作，接触到很多对外交流学习上的事情，您能不能就这方面谈一下呢？

高卢麟：中国的专利制度起步晚，到邓小平主张改革开放之后才发展起来。但是虽然起步晚，我们局却不甘落后，是很注重和国际接轨的。在我离开专利局之前，局里已经有将近 800 人次去国外培训过，这在全国所有的部委里面是少见的。另外还有国外的审查员来中国讲课，这是我们一直同国外专利局维持良好关系的结果，我们与德国、美国、日本、俄国、法国、奥地利等都有合作，我们的职工出去之后，生活条件都有保障。我觉得在开阔职工眼界这一方面，咱们局的工作做得是好的。尤其是，按照现在的发展趋势，人员的国际化眼光非常重要。我们如此大规模地去国外学习，世界很多专利局的工作人员都十分羡慕。

采访人：说到这个，想起来您早年是到苏联留学过的，能说说当时的情况吗？

高卢麟：我是经学校党组织的挑选，考试合格选派出国去苏联学习的。我出身劳动人民家庭，家庭经济条件差，不是国家培养，很难有机会出国学习，后来去苏联了，学习也是十分刻苦，成绩优秀，大学和研究生毕业都获得优秀学生的称号。在苏联学习的时候，有件事情值得永远铭记。毛主席怀着对青年的殷切期待，对留苏生说："世界是你们的，也是我们的，但是归根结底是你们的。你们青年人朝气蓬勃，正在兴旺时期，好象早晨八九点钟的太阳。希望寄托在你们身上。"这句话就是他去苏联参加多国共产党国际会议并看望我们留学生的时候说的，当时他就站在我们面前，就像昨天刚发生的事一样那么亲切。那么，青年如何才能挑起这个重担呢？中国30年的改革开放实践告诉我们，只有面向现实、面向未来、面向世界，才能培养青年一代人。其中，我就觉得无论是国家，还是单位，或者是个人，都不能关起门来做事。闭门造车的话，只有落后。其次，我们还需要既懂政治，又懂业务。日本专利局的局长几乎是一年换一次的。为什么这样呢？因为在日本，局长这个职务是政治任命性的。而对中国专利局局长来说，要求政治与业务都要管，一定需要一个政治素质过硬，又了解业务的人来做。虽然局长不用做审查，但是如果对基本的审查工作一点都不了解的话，也是没有办法去管理整个专利局的。深入实际，虚心向专利局职工学习，是掌握业务的一条途径。

采访人：听说您还学习审查了呢？

高卢麟：是的，我一直想学习一些实审、复审、文献自动化等方面的知识，我亲自主持大型计算机检索技术的改进工作和论证；在复审的学习就是跟着做一两个案子，知道新颖性、创造性是怎么回事。去文献部工作了一两天，任务是整理专利分类文档，感到文献工作很重要，发现工作人员是很辛苦的。因此，一方面要大力开展计算机检索，提高检索效率和质量；另一方面又要对如山多的专利文献进行科学管理。我觉得作为局长应该了解职工每天都在做什么，和他们多交流，这很必要。

与普通干部职工亲如一家

采访人：您是通过什么途径与普通职工交流的？

高卢麟：说到这一点，我觉得我们专利局的职工很可爱。我办公的时候，办公室的门都是开着的，大家都知道我在哪里。有时候就有职工会敲门，然后自己进来，给我提意见说我哪里做得不好，需要改进。我记得很清楚，有一天，一位电学的审查员进来对我说，世界与软件有关的发明创造发展很快，我们也应当关心与软件有关的发明专利；另外一次，一位审查员谈起他也能当局长，对此我并未简单地来对待。我说专利局人才辈出，很多人水平很高，也可能比我高，都可以当局长，至于当局长这回事，我并不认为把我放到局长位置上就比你们好，我能当这个局长，当然有一定的偶然性。你也可能当一个好局长，但既然把我放在这个位置上，就得负起这个位置的责任。

采访人：除了自己找上门的职工，还有什么交流方式？

高卢麟：还有座谈会和出差过程中的辩论等。所以说我觉得专利局的审查员很可爱。还是回到国际交流的问题吧，这件事情非常重要。咱们国家跟德国交流特别多，因为德国有一个援助计划，分年度执行，一年好几百万马克，帮助中国专利工作的发展。德国专家来华讲课的一切费用都纳入计划，中国派去德国学习的人员，中国只付路费，在那住、吃都纳入计划开支，正因为有了经费保证，这个项目延续了很多年。去德国的学习，有的是一个月，而半年、一年、两年的都有。中国专利局派往德国专利局学习的人次总计达五六百以上，其中，好几位局领导都是在德国学习过的。在国际合作方面，我们中国是很受欢迎的。我们都知道欧洲有一个欧洲专利局，不仅有 20 多个成员国，而且还和其他国家开展国际合作，俄罗斯过去搞了个欧亚专利局，由一些缺乏专利审查能力的原独联体国家参加。他们提出想要让我们加入。而我们中国 13 亿人，如果加入欧亚专利局的话，这个局的力量立刻就会壮大起来。但是我们中国是一个主权国家，奉行独立自主的外交政策，有自己的专利局，有自己独立审查的能力，所以我们不加入。当然我们也积极开展多边的国际合作，包括与欧亚专利局的合作。我们在国际上的地位，包括美国专利局局长在内的许多同行都给予肯定。通过多年的努力，中国专利局已成为世界上的一个重要成员。1994 年，中国加入《专利合作条约》（PCT），既是受理局，又是国际检索局、国际初审局。中文成为 PCT 工作语言，就是一个明显的例证。

国际上获得的荣誉

采访人：您获得过德国总统十字勋章，是不是就是因为您在国际合作上的成就？

高卢麟：我想是的。国际社会普遍认为中德专利合作十年以上，是国际合作的典范之一。德国专利局局长豪伦赛尔博士是这个计划的倡导人，我与他两人同时得到了同样的勋章。几年前，他已经去世，他是我们尊敬和怀念的国际友人。为表彰其对中国专利局作出的贡献，我国政府也授予他友谊勋章。另外，中国专利局与欧洲专利局的合作成效也十分显著，在采用先进的专利数据库、专利检索技术和专利审查方面，欧洲专利局局长曾不止一次亲自对我说，中国专利局是做得最好的，甚至超过其成员国。为表彰在国际合作方面取得的成绩，欧洲专利局 1994 年也授予我国际专利合作大奖章。通过与德、欧专利局的长期合作，我们建成了与欧专局相类似的超大型专利数据库和先进的计算机检索系统。这套系统已成为我们专利局开展检索、审查所必须依靠的基础技术设施。没有这套系统，中国专利局很难进入先进专利局的行列。

采访人：另外您还是俄罗斯国际工程院的院士。为什么是俄罗斯的？

高卢麟：这个称号是在上面那个勋章之后不久得到的。说起来很有意思，咱们国家专利局也为我在国内申请过

1995 年 9 月，俄罗斯大使馆举行授予高卢麟国际工程院院士学位仪式

中国工程院院士，但因为种种原因不了了之。结果俄罗斯国际工程院考虑到我早期留学苏联，以优异成绩得到 Ph. D，长期以来在促进中俄专利方面的国际合作和领导，推进中国专利局的文献事业发展、大型自动化以及中国专利行业所取得的显著成绩，经欧亚专利局长 B. H. 伯利尼柯夫院士推荐，授予我这个称号。我的母校是上海南洋中学，这之后我的相片就被挂在学校的墙上，和其他许多科学家、院士们的相片一起，作为对同学们的鼓励。对我来说，这更是一种鞭策。不断学习，研究和提高是我工作的座右铭，只要健康允许，我仍

坚持教学和研究工作，2008 年在清华大学教了 18 节知识产权课，每年去美国讲学，被聘为美国芝加哥马歇尔法学院客座教授。

机构改革与调整

采访人：咱们国家的机构改革了好几次，几次正好都是在您的任内，当时咱们局的情况是什么样的呢？

高卢麟：中国专利制度的成立之初就存在很大分歧，再加上过去咱们是计划经济年代，管理权都集中在国家，设立专利局是改革计划经济体制的一个新问题。中国专利局是由科委党组研究报中央和国务院批准成立的。曾拟为副部级，后在筹备过程中，遇到许多不同意见，困难重重。专利局成立的初期是一直由国家科委副主任武衡同志兼局长，但到底要不要实施专利制度，一直有不同意见。因此，实际上是科委领导下的一个筹备班子。1984 年，黄坤益同志被任命为局长，由于国务院机构改革，专利局归口国家经委，成为委管国家局。在此期间，中国参加世界知识产权组织、《保护工业产权巴黎公约》，1985 年 4 月 1 日实施我国第一部《专利法》。1987 年，我被任命为专利局局长、党组书记。除了大量的

1998 年 4 月 1 日，时任国家知识产权局局长高卢麟宣布
"中国专利局" 正式更名为 "国家知识产权局"

基础建设工作外，面临了几次机构改革。1988 年，国务院第二次机构改革，通过专利局党组努力，专利局上升为副部级国家局，事业编制，科委归口。1993 年，专利局直属国务院。1998 年，专利局扩大工作范围试点，改名国家知识产权局。

总之，专利、知识产权工作日益得到政府重视，回忆起来，10 多年来，经历几次机构改革，每次政府机构改革都在一定程度上提高了专利局的地位。期望提高了，责任加重了，我想亲身参与这几次改革进程的老同志都深感专利事业任重道远，需要一代又一代的人，为之继续奋斗！

年青人自身的学习和发展

采访人：刚才您说了跟美国谈判，跟局长交流的时候，我就想问您一个问题，您参加谈判、交流是您自己直接跟他们交流，都没带翻译吗？因为我听说您的外语是相当的棒。

高卢麟：我的第一外语是俄语，在苏联当研究生时，作为教学实习，导师曾要我代他讲过几次大课。但是后来中苏关系不好，所以用的并不多，生疏了。因为在小学、中学学过英语，后来我就自学了英语，到现在，已经能去美国给美国学生讲课。但是当时和美国人谈判的话还是会用翻译的，有时候觉得意思不到位，自己想说话的时候，就会自己去说。我的英语学习有个突破点，说起来很有意思。有一次去美国参加一个国际会议，在吃饭的时候，美国人要我发言。本来，发言稿都是准备好了的，但是外国人吃饭，一般都点蜡烛，所以我站起来讲话的地方光线不好，我看不见稿子，我于是就脱稿了。结果发现比有稿子的效果还要好。后来再经过锻炼，无论是座谈还是讲课，都已经没有问题了。

采访人：我听说您还学过法语呢。

高卢麟：那是业余爱好，没达到工作语言的水平。

采访人：专利局的外语学习，一直是个很好的传统。

高卢麟：国家机关里面这么重视外语学习的，除了外交部等几个涉外部门外，大概就是我们局了，你们年青人一定要充分利用好这个机会。学好外文不仅是学习外国先进经验的需要，也是今后我们尽国际义务，培养发展中国家知识产权人才的要求。

采访人：其实还是回到了国际合作这个问题。对于专利局来说，与国际接轨的确非常重要。

高卢麟：是的，孩子很小的时候就看到外面的世界，对今后他的世界观都非常有好处，尽管我们专利局发展比较晚，各方面条件不如人家，但我们一直在努力往前赶。我曾建议把培训发展中国家的专利人员，纳入我援外计划，由我局来执行。因此，我们应该多培养一些能直接用英语讲课的老师，一开始不行没有关系，慢慢来，就会越来越好，越来越有自信。

退休后发挥余热，投身专利代理行业

采访人：另外，我们想知道您退休后为什么会想到创办自己的代理公司？是否介意说一说您的公司？从发展历程到现状？

高卢麟：从专利局退休下来后搞代理，在国外很平常，在国内也有先例。我觉得很正常，重要问题是如何正确转变心态，从领导专利局，到为专利申请人服务，以自己学的技术和专利知识，为他们服务，经受市场经济的考验，自主经营，自负盈亏，自我监管，自我发展，是一个逐步提高的过程。几年来，东方亿思从无到有，逐步发展到现有职工 100 人，每年处理新案 2000 件左右，"一通" 1500 件左右，还有商标、版权、域名、许可证贸易，专利、商标、版权法律诉讼等案件。由于专利市场进一步放开，竞争激烈，前进道路还会有不少困难，我们要向其他搞得好的事务所学习，不断提高我们的水平和能力。

采访人：身为代理公司的主要负责人，对国内外的代理人有什么认识和看法？差距在哪里？

高卢麟：总的说，中国专利代理事业和中国专利制度一样，比起世界专利制度几百年历史来，还很年轻，尽管我们发展很快，但差距还是很大的：一是人员的专业水平，尤其是外语水平有较大差距；二是在社会责任感方面，与一些高水平的专利事务所相比也有差距；三是在国际组织中的作用发挥方面，差距也很明显，中国专利代理人很少发言，很少在国际组织中承担职务，重要国际会议也还未在中国召开。总之，中国专利代理在国内外的影响有限，在国际组织中声音不高，这些都需要我们努力改进提高。

高卢麟同志退休后所创办公司的办公室

采访人：局里有不少年青人工作几年之后就会离职进入代理公司，对此您有什么看法?

高卢麟：我在局工作时，曾有过一个不成文的约定，希望专利局和专利代理机构都来重视人才培养工作，专利代理机构要努力自己培养人才，不要挖专利局的队伍。当时执行得还比较好，个别审查员进入代理公司前，也是先因种种原因离局去一个新单位，然后再进入专利代理公司。现在情况可能与以前不同了，但我的态度仍然是，首先双方都要自己培养队伍这个总精神仍要坚持；其次，根据国内外实际情况，我也意识到这种流动总是存在的，但应坚守国家有关的人员流动政策。东方亿思在这方面还是十分注意维护专利局队伍的稳定发展。

关心的问题及教子之道

采访人：您现在都关心什么问题?

高卢麟：要关心的问题不少，最现实的是现今的事业：一是关心东方亿思如何提高服务质量，稳定发展；二是不断创造年青人成长提高的有利环境，让他们尽早挑起更重的担子；三是实践一个理念，曾担任过领导职务的干部退下来后，能干一些实事，以自己的知识回报社会，服务大众，要继续学习、研究、提高，既为发明人、申请人服务，又为教书育人努力实践，我个人希望今后能量力多做一些教书育人的实事。

采访人：最后，因为咱们局年轻的父母亲很多，而且知道您的三个孩子都是清华大学毕业，并且后来都在学术领域有所建树，所以希望您能谈谈您的教子之道。

高卢麟：大女儿在美国取得 Ph. D 后，在巴黎法国科学院做博士后一年，回国后到母校工作，现在是清华物理系教授，二女儿在清华毕业后又在国外学法律，得到美国 JD 学位，现在纽约的美国专利所做律师工作，小儿子清华毕业后也继续攻读了中国科学院和美国斯坦福大学的硕士，现在国外某大企业工作。说到教子之道，并没有什么特别的。一般来说，母亲比父亲更关心自己的孩子，父母亲是孩子最好的老师，家长爱看书爱学习的话，孩子耳濡目染，自然也会受到好的影响。另外，孩子交友很重要，也就是说环境很重要，古时候的孟母三迁还是非常有道理的。我的三个孩子都有各自的朋友圈子，而这些朋友中，不乏优秀者，他们的榜样作用和给予的帮助也是非常重要的。当然，孩子之间的效仿和促进也起到了应有的作用。他们一个个都上了清华大学，主要依靠他们自身的努力。当时还有人怀疑，看是不是我这个当爸爸的给他们走了后门，结果查来查去什么都没有发现，他们都是自己考进去，毕业后或由组织推荐，或通过自己努力出国深造。当然，我还要强调，在国内成长还是出国留学，都能造就人才；两种途径，都要辩证地进行分析。笼统说，哪一种途径更好，是不符合辩证法的。我希望更多的年青人通过各种途径把自己锻炼、培养成为对祖国建设有用的人才。

采访人：谢谢您百忙之中接受我们的采访！

高卢麟：很高兴能和局内的年轻同志交流！

◉ 个人简历 ◉

姜颖，1940年8月出生，山东掖县（今山东莱州）人，1966年毕业于清华大学工程物理系。1980年10月至1987年9月在中国专利局工作，历任审查员、审查五部部长。其间，1981年4月至1982年4月在联邦德国学习。1987年9月至1998年4月任中国专利局副局长、党组成员，1998年4月至1998年7月任国家知识产权局副局长、党组成员，1998年7月至2001年1月任国家知识产权局局长、党组书记，2001年3月至2003年2月任第九届全国政协委员，2003年3月至2008年2月任第十届全国人大常委会委员、法律委员会委员。

生命应当追求饱满

被访人：姜　颖

采访人：张云才　岳宗全　赵晓东　卢学红　邵源渊

采访日期：2008 年 3 月 19 日下午

采访地点：国家知识产权局 1 号楼 2015 房间

编者语：2008 年 3 月 19 号上午，去多功能厅听取了姜局长为副处级以上领导干部做的两会报告。主席台上，一位女性态度从容，语速平缓，国情大事，在她口中犹如家常娓娓道来，言谈间流露出忧国忧民的博大情怀。在下午的采访中，这一印象再次得到印证和加深，坐在她身边，见到的是一位清瘦娴雅的前辈。作为一名长者、作为专利局历史发展的见证人，她要说的话远非两个多小时可以承载。

> **到了专利局之后，才觉得真正的工作刚刚开始。**

采访人：姜局长您好！上午听了您的报告，我是农村出来的孩子，所以当您谈到"三农"问题时很感动。

姜　颖：必须重视农民问题。我自从在全国人大工作后，对一些社会上的现象、对国计民生关注得比较多一些，比如"三农"问题。当然，对知识产权仍然很重视，不过关心得更多的是宏观层面了。

采访人：您是 1980 年刚建局时来咱们局的，那个时候，您将近 40 岁了吧？

姜　颖：正好 40 岁。

采访人：当时在什么样的情况下，您选择了专利局？那时专利对国家而言是一个全新的领域，您对它有什么认识呢？

姜　颖：当时来专利局的时候，对专利的认识很肤浅，或者说基本没什么认识。我大学念了 7 年，该毕业时，文化大革命开始了，到 1976 年"文革"结束，一晃就是 10 年。之后国家拨乱反正，有很多事情要做，国家步入正轨尚需时日，整个国家还比较松散。直到 1979 年末，十一届三中全会提出以经济建设为中心，改革开放，我国现代化建设才步入正轨。所以，大学毕业后的十几年，我实际上没有做什么工作。美好的青春年华，大好时光都被浪费掉了。我们当时都挺传统，总觉得一直都没有为国家做什么。正好 1980 年初专利局建立，就调了过来。到了专利局之后，才觉得真正的工作刚刚开始。在此之前虽然说是工作，但感觉十分不饱满。

采访人：您 40 岁入局，从审查员做起，后来成为局长。而对于一般人来说，40 岁就已经定型了，您却刚刚开始。

姜　颖：其实也就是个机会，没有什么特别的。当时想的就是不能再浪费时间，从 40 岁真正开始工作，到 60 岁退休，能工作的时间不多了，有一种紧迫感，要好好珍惜。

采访人：当时您来咱们局的时候，听说社会上对专利制度的建立，还有很大的争议。

姜　颖：是的，有很大争议。有的同志认为，对于技术，应该是"一家拥有，百家使用"，专利制度会妨碍技术的推广应用，是资本主义的。最后是小平同志拍板，要在中国建立专利制度。此后专利制度的筹措工作，包括立法工作才得以继续。那时懂专利的人少，懂专利审查的人更少，所以我局派遣出国学习的人较多。我到专利局大约一个多月，局里就进行外语考试，根据考试成绩确定出国学习人员。我在我参加的那批考试中排名第二，所以到局5个月左右，就被派出国学习。对此，我也挺有感触的。离开大学后，无论在哪儿，无论环境多么不好（"文革"中被批斗），我一直都坚持学外语，那时只能偷偷地学，怕被抓住，扣上"偷听敌台"的帽子。人们说"机会是给有准备的人"是有道理的。平时应不断提高，有所积累。我很庆幸，在国内对是否要建立专利制度争论得难分难解时，我们恰好在国外学习，时间得到充分利用。

采访人：在咱们局工作了这么多年，最大的感触是什么？

姜　颖：最大的感触，可以用"天翻地覆"来形容。建局之初，条件非常艰苦，工作生活条件都很差。在八里庄时，冬天在办公室穿棉军大衣还觉得冷。初进局的审查员只能挤在楼道里办公。可惜那时没

1994 年 1 月 1 日，PCT 专利首个申请日，姜颖局长在受理现场讲话

人想到把当时的场景拍下来。和现在比，真的是天上地下，说"天翻地覆"一点都不为过。办公、生活条件只是很小的一方面，更重要的是，我国专利事业的发展速度惊人，不可同日而语。

目前，专利实施率比较低，专利要在国家技术创新中发挥更大作用，就应该注重专利与市场的关系。

采访人：您一直提倡知识产权是为经济发展和科技创新服务的，您认为目前在我国，知识产权是否已经充分发挥其作用？

姜 颖：我国《专利法》实施得应该说很不错。知识产权对我国科技、经济发展发挥了很好的、积极的作用，但是否充分发挥了作用还不好说。需要我们不断完善的方面还很多。例如就专利保护来说，还应当加大保护力度，保护力度不够，这既与我们的工作有关，也与国家、社会的大背景有关。

采访人：您认为专利与经济的关系是怎样的？

姜 颖：专利申请获权后，权利人可以运用独占市场的优势，实施自己的技术而获得丰厚的回报，这符合专利权人的利益，也有力促进专利技术产业化，进而对国家经济发展、市场繁荣作出贡献。

采访人：咱们国家的专利，现在有很多都被人用来评职称。

姜 颖：在评职称时，可以参考专利申请量及授权量。但什么事情都不能走极端，应该有个度。现在有些地方领导把专利申请量、授权量与自己的政绩挂钩，把专利申请量量化分解到各研究机构，研究机构为完成任务，难免把与市场无关的技术（如，仅为在单位内部使用），或把一项技术没有必要地分成若干专利申请来凑数，这就违背了申请专利原来的为增强市场竞争力这一应有之意，也造成了申请人和行政资源的浪费。我一直主张在我国专利事业发展的现状下，行政部门应积极采取措施推动专利事业的发展，但不赞成把专利"行政化"的倾向，这个度应把握好，专利是市场经济的产物，专利的申请等策略必须以市场为导向，而不是其他。目前，专利实施率比较低，专利要在国家技术创新中发挥更大作用，就应该注重专利与市场的关系。

采访人：国内的申请中，有很多都是小发明。

姜　颖：我国专利申请中，核心技术、基础性技术相对来说比较少，反应出我国的创新能力还是比较低。这也正是我国在建立创新型国家的过程中要大力提高的。但是，提高技术并不等于小看小发明。积极地促进小发明的实施，有利于提高民众的生活质量，拉动内需，增加就业，提高国民素质，让广大人民群众享受到科技创新的成果，何乐而不为呢？

采访人：您曾经出席了中国青少年创意大奖赛活动。

姜　颖：是的，我担任了这次大奖赛的主任委员。技术创新应该从娃娃抓起，他们非常有想象力和创造力。

采访人：您觉得目前这种形势和强局建设的关系如何？

姜　颖：说到强局建设，我认为首先是国家强才能有部门强，同时要加强我局自身建设。大局不等于强局。咱们局现在是够大了，从最初的几百人，到现在的几千人，无论是办公环境还是人员规模，都有巨大的变化，但仍然谈不上是强局。衡量是否为强局，标准是多方面的，其中审查质量是很重要的一个方面。如果 PCT 检索做得不好，做出去了得不到认可、审查质量不好，不该批的批了，也会造成不应有的市场垄断，对公众、国家也是损失。我们代表申请人的利益，同时也代表公众利益，归根结底，是代表了国家的利益。

为了推进知识产权事业发展，加强宣传工作是首要任务。

采访人：强局建设也需要宣传，1998 年您上任之后，做了很多宣传工作。

1999 年 6 月 4 日，时任国务院副总理温家宝来国家知识产权局视察，姜颖局长（前排左二）陪同

姜　颖：为了推进知识产权事业发展，加强宣传工作是首要任务。要向广大群众、科技工作者宣传，也要向领导宣传。为此，在局经费十分紧张的情况下，我们加大了对宣传工作的投入，包括加大了对地方专利管理机关做宣传工作所需的投入。我们还办了一个专利十五周年成就展，这次展览影响很大，不仅吸引了广大群众，还请到了国家领导人来参观。当时的国家领导江泽民、胡锦涛、温家宝、李岚清等同志都参观了展览。

采访人：那个时候，审查速度慢，也是咱们局的主要矛盾吧？

姜　颖：是啊，那时专利申请量增加很快，但审查员数量少，招人招不进来，待遇低是原因之一。我们只能内部挖潜，实行计件奖励制度，以加快审查，同时也尽力提高了审查员的待遇。一次开国务会议，议题之一是讨论即将提交全国人大会议的《专利法》第二次修改草案。讨论即将结束时，朱镕基总理问："对《专利法》修改草案还有什么意见？"与会的一位部门领导反映专利审查速度太慢，我想，机会来了！马上接话说："我们现在审查员待遇低，招不进人来。"朱镕基总理听了马上问："财政部、人事部的人来了吗？"当时财政部的一位领导还在外面等候参加会议的下一个议程，听总理问，就进入会议厅。朱总理当面指示财政部、人事部要研究提高审查员待遇的问题。因为有了总理的指示，所以后来财政部对此就非常支持。遗憾的是，当时没有人事部的人在场，他们没有听到总理的指示，在以后与人事部研究这一工作时，难度大一些。

这里还有一个小插曲。朱镕基总理作了上面的指示后，表示会议进入下一个议程，我们可以走了，我却举手示意，表示我还有话要说，希望给我一分钟。然后没等总理表态，我就急忙概要地把我国专利工作的形势、问题讲了一遍。讲话时间肯定是超过了一分钟，正好在坐的国务院各位领导也没有打断我（微笑）。这也算是抓住机会向领导宣传吧。

那个时候，还

1999 年 1 月 27 日，江泽民主席与姜颖局长（右二）亲切会谈

有一项很重要的工作就是努力把专利工作纳入国家层面。几经努力，在当时下发的一份中共中央、国务院的文件中第一次有了整整一段论述专利法，也是让人很兴奋的。

希望通过我们的工作，能够使我局职工"安居乐业"。

采访人：听说现在的审查员职务职称，也是您在任的时候提出来的。

姜　颖：是的，在中央组织部来局宣布我任职的会上，我曾讲到，希望通过我们的工作，能够使我局职工"安居乐业"。当时这句话听起来没什么分量，似乎也没人在意，但现在看来还是很重要的。

采访人：是的，十分重要。

姜　颖：所以那个时候，在"乐业"上做文章，首先就是要有一个好的人事制度安排，使每一位职工感到，只要好好工作，人人有前途。1998 年正值国家机构改革，借此机会，我们把审查处"小处改大处"，减少行政领导人数，以提高审查效率。与此同时，我们要用足政策，虽然处级机构减少了，但按小处编制计算，处级职称及部级职称就能依据职称要求条件和各级行政领导的要求条件评审和晋级，这样就形成了现在这种等级审查员制度。对这种打破常规的做法，当时也不太敢宣传，以免声张出去之后，有关主管部门会提出不同意见。当然，现在就不会有什么问题了。

采访人：说起安居乐业，咱们局在双清路的住房，是在那个时候购进的吧？

姜　颖：对，我上任后，请行政部门着手买住房，缓解住房紧张。加上高局长在任时开始建立的亚运村住房也已完成，那次全局职工大约一半调整了住房，我们同时还启动了办公楼 2 号楼的设计和建设，请当时主管建设的北京副市长帮助，把原规划红线往外移，扩大了 2 号楼用地区域的面积。

采访人：您在任期间，地方上的专利机构也有了很大的变化。

姜　颖：要想使专利事业有大的发展，必须有相应的组织机构支撑。那时候，地方专利管理机关大都设在科委内，往往只有一两个人分管，给专利管理工作带来困难。我们决定，我局各位领导带队分别到三四个省做工作。那次地方机构改革时，有一半以上的管理机关升格或独立出来，余下的，以后也陆续升了格。

采访人：局内的规章制度建设方面，也有了很大的改进吧？

姜　颖：我上任时已 58 岁，当时我就向中央组织部表示，到 60 岁就退下来。我想我在任也就两年时间，时间不长，我的工作必须承上启下，争取给下一任留下一个比较好的基础，所以也着力抓了加强局内建设，包括党组、自身建设和规章制度的建立。

女同志不比男同志差。女性应该自信、自强、自立。

采访人：作为一名女性局长，您做了很多工作，咱们局女性职工很多，您对我们有什么建议？

姜　颖：我可能有点女权主义，呵呵！我认为女性不能只顾家庭，当然不是说不顾家庭。女同志绝不比男同志差。我觉得女性应该自信、自强、自立，咱们局为女同志的发展提供了很好的平台，咱们应该利用这种良好的条件，做好工作，让自身的价值得到实现。

采访人：对于青年呢？您有什么建议？

姜　颖：首先，青年的发展一定要和时代的发展相一致，和国家的命运及发展相一致，这样才可能有广阔的天地任我们自由飞翔。其次，要钻研业务。结合我局工作的性质，既要拓宽技术领域，也要学习好相关法律。我们的思维方式要很好地实现从一个技术工作者向法律与技术相结合的方向转变。比如要用法律而不是技术上"1 + 1 = 2"的思维方式对创造性进行判断。我非常希望我们有同志能够成为我国乃至世界知识产权方面的权威性专家。

1998 年 9 月，姜颖局长（前排右一）参加 WIPO 例会

我还是建议青年人多读书、多学习。除与业务有关的内容外，还要多阅读一些文学、艺术、哲学、历史等方面的书籍。学习哲学很重要，毛主席的《矛盾论》、《实践论》就是非常好的哲学著作，它能帮助我们形成一种内在的正确的思想方法，正确的思想方法会使我们能够比较好地解决面临的各种困难、矛盾。一个经常读书的人和一个不怎么看书的人是不同的，他的气质会发生变化。腹有诗书气自华，年轻人要多看书，广泛涉猎。

采访人：上午在您的报告中，您还提到了国家的文化。

姜　颖：是的，"知识"和"文化"涵义不完全相同。"有知识，

没文化"是一种缺憾。

采访人：有技术，可看做是有知识；而艺术修养、品位可看做是文化？

姜　颖：是这样的。我感觉，对于一个人是否有文化，在有些时候是可以意会，而不可能言传。另外，还想提醒青年人应该有健康的生活方式，爱惜身体，不要熬夜，要改变有损健康的生活习惯。

在任何情况下，无论是顺境还是逆境，人前还是人后，我们都要把握自己，要有操守。

采访人：现在深切觉得人都是大时代下的人。之前您说到在文化大革命中的动荡，这让我同样想起了在听您的报告时，您提到国家目前存在的各种问题时，我所感到的个人的渺小和乏力。您对此怎么看？

姜　颖：我有同感，个人确实很渺小，我也常常有乏力感。我们要懂得，世界不是一个人能够改变的，但在任何情况下，无论是逆境，还是顺境，人前还是人后，我们都要把握住自己，要有操守，决不能做有损国家、有损人民利益的事情，要遵纪守法，要有道德。其次是做什么都要坚韧不拔，踏踏实实地做。有一句话我很喜欢："天将降大任于斯人也，必先苦其心志，劳其筋骨，饿其体肤，空乏其身，行拂乱其所为，所以动心忍性，增益其所不能。"

我还建议青年人要学会调整自己的心态，要有健康的心理。我有个清华的同学，直到退休，他都没有评上高级职称。他很难过，也很着急，一定要想办法补上，并为此四处奔走。虽然已经离开清华多年，但是他甚至为此还去清华请求帮助。我很同情他，但是觉得他是在做无用功，成功的可能性微乎其微。这么去做，只能更深地伤害自己，于事无补。所以要学会调整好自己的心态。咱们局的审查工作比较封闭，是吧？

采访人：是的，如果不想说话，可以一整天都不与同事们交流。

姜　颖：任何人都是社会人，不可能离开社会。《专利法》刚实施时，一位审查员一个房间，时间长了，感觉有的人性格似乎都有了变化。因此，由于我局的工作特点，也希望年轻人注意培养自己的多种爱好，多参加部门、局内的活动，多与人交流，团结合作。

如果一天过去而没有收获，人就会感到不舒服，觉得空落落的。

采访人：之前您说过，觉得 40 岁之前的工作状态都不够饱满。那么您认为现在呢？

姜　颖：现在退下来，离开了工作岗位，但并不是没有事情可做，我给自己安排了很多事情，每天都感到很忙，时间过得飞快，但仍然很饱满（微笑）。

采访人：您经历了很多的事情，但是仍然坚持不懈地追求进步。您认为是什么信念在支撑你？

姜　颖：我们那个时候比较单纯，就是想着能为国家做点事情。当时考清华的时候，报的是工程物理系，填专业时，有人选择了核材料专业，根本就没有考虑到辐射、放射对人体的影响。可以说，那个时候，就没有考虑过个人利益。如果说有什么信念的话，我觉得是应该把个人命运和国家发展联系起来。为国家做事，为国家、为人民尽微薄之力。

我同样喜欢的一句话是："人最宝贵的是生命，生命对于人只有一次。一个人的一生应当这样度过：当他回首往事的时候，不因虚度年华而悔恨，也不因碌碌无为而羞愧。"几十年来，我一直努力这样做，现在已经成了习惯，如果一天过去而没有收获，人就会感到不舒服，觉得空落落的。

采访人：谢谢您接受我们的采访，感到收获很大。

姜　颖：（微笑）不是客套话吧？

采访人：当然不是，每一次采访，对我们来说，都是学习。

与采访人员合影，左起依次为卢学红、岳宗全、姜颖、张云才、赵晓东、邵源渊

◉ 个人简历 ◉

王景川，1944 年 12 月生，毕业于哈尔滨军事工程学院计算机专业，研究员，博士生导师，国家级突出贡献专家，享受政府特殊津贴。

1983 年至 1997 年，任中国科学院沈阳自动化所副所长，中国科学院沈阳分院副院长。其间，1991 年至 1992 年，在日本东京大学做访问学者。1997 年至 1999 年，在中国科学院工作，历任副秘书长、秘书长；1999 年 11 月至 2001 年 1 月，任国家知识产权局副局长；2001 年 1 月至 2005 年 6 月，任国家知识产权局局长。2003 年、2004 年连续两年被英国《知识产权管理》杂志评为"全球知识产权界最有影响力 50 人"。2005 年 6 月，任国家知识产权战略制定工作顾问。2009 年 5 月，任国家知识产权局顾问。2009 年 5 月，当选中国专利保护协会会长。

兼职：中南财经政法大学知识产权学院院长。

要爱护青年人

被访人：王景川

采访人：王冬峰　邵源渊　卢学红

采访日期：2007 年 11 月 22 日上午

采访地点：知识产权局 2 号楼 526 房间

编者语：王局长身上有很浓厚的学者风范，他非常爱笑，让人感觉十分亲切。虽然已经离开了领导岗位，但他仍时刻关心知识产权事业的发展，关注青年人的成长。在他眼里，我们都是小朋友，是年龄很小的朋友，他说他愿意有很多的小朋友，因为这会让他也显得年轻。他说，作为长者，应该要爱护小朋友。

采访人：王局长，您好，非常感谢您在百忙中抽出时间来接受我们的采访。通过此次采访，希望能够让咱们局更多的年轻人了解您，更多地了解咱们局近几年的发展。

王景川：（微笑）咱们别那么正式，随便聊一聊就好，我特别爱交年轻的朋友，你们比我的孩子还要小，是小朋友，交小朋友自己也显得年轻，至少心理年轻。

提出制定和实施知识产权战略以及强局建设两大目标。

采访人：王局长，您能给我们介绍一下您任局长时我局的情况吗？

王景川：2001 年接手的时候，咱们局有 1700 多人，而国务院给我们的编制是 1080 人，这 1080 人是咱们知识产权局机关行政编制加上专利局的事业编制。那个时候面临一个重要问题就是，由于我国经济社会发展引发的科技创新活动日益活跃，使专利申请量迅速提高。而当时能够上全岗的发明专利实审审查员，也就在 240 名左右，案件积压严重。《专利法》修改的时候，很多声音提出要把审限写进去，局领导班子都很着急，面临很大的压力。那时，我提出来在进人的问题上，党组要自下而上地来决定进不进人和进多少人以及进什么样的人。

采访人：近几年我局确实进了大批的新人。

王景川：当时顶着很大的压力。其他的机关都在裁人，我们却要大面积地扩招。虽然从国家氛围来讲，现在这个情况下，我们需要大面积地、大批量地进人；但是从历史上来看，这不是最好的方法，却又是一个不得不做的事情。这么短时间进了很多人，我们需要为这些同志提供起码的工作条件和生活条件，我们的后勤保障、我们的工作场所的安排、人员的培训、人员的管理都面临全面的压力。

采访人：当时要编制肯定十分不容易。

王景川：中央给不给我们编制，这是一个外部条件。所以那时候我给温家宝副总理汇报工作，将这个问题作为重点来谈。家宝同志还是很支持我们的，最后批给我们 800 多个编制，这样我们才开始逐渐扩招。

当时我们还采取了另一个办法，就是成立审协。

采访人：审协是哪一年成立的？

王景川：审协大概是 2001 年年底成立的，是我当局长以后采取的政策之一，现在有上千人的队伍了。

采访人：成立审协的情况是什么样的？

王景川：那时是吴仪副总理主管我局。在向吴仪副总理汇报的时候，我重点谈了我们经过一段思考实践，再思考、再实践、反复形成的一个认识，就是国家要抓紧制定和实施知识产权战略，并特别说明了有关强局建设的问题。我们向吴仪副总理提出了若干配合强局建设的要求，当时要了 2760 个编制，每年进人不少于 500 人，现在实际上我们已经按照计划来实现了。所以从队伍建设上来看，我们是急剧地扩大，这是一个历史的要求，是一个事业发展的内在需要，我们只能这么做，尽管困难很大。

采访人：那时候的主要矛盾是什么？

王景川：那时候的主要矛盾是数量问题，矛盾的主要方面是党组和我们各级干部职工如何统一思想，在较

2004 年，时任国务院副总理吴仪听取王景川汇报工作

短的时间内找到一个合理的途径和相应措施，来抓紧解决数量问题。虽然存在很多困难和波折，但经过全局上下的努力，我们当时存在的严重积压问题得到了缓解。到 2005 年，我们的发明专利实质审查周期已经从 56 个月降到 24 个月。

有心的人才能变成一个有为的人。

采访人：现在咱们局有将近 5000 名职工了吧？

王景川：现在我们这个队伍，不算临时工已经近 5000 人了，是很大的。如何带好这近 5000 人的队伍，是我在位的时候最关心的问题。我现在退下来了，作为老同志，我最大的期盼就是我们这支队伍能够得到健康的成长。我们要创造一个新的环境，使年轻人能够实现人生价值，实现理想追求，而这种人生价值和理想追求又是与国家的整体发展、人民的整体利益是一致的。咱们局年轻人队伍太大，这个不抓好，没带好队伍，任何一个领导都有责任，对不起他们家长，对不起国家，对不起那些孩子。因此在继续抓我们队伍数量的同时，要把着眼点和工作重点转向政治、理论、业务等全面的综合素质的提高。

采访人：您认为我局的青年职工应该从哪些方面提高自己？

答：任何事情都有个外因和内因，内因起主要作用。青年人队伍素质的提高也是如此，2006 年我们召开了全局青年工作会议，局党组、局领导对我局的青年工作高度重视。组织的培养重视，为青年人打造学习、发展、公平的环境都太重要了，但说到底，它仍然是外因。外因要通过内因起作用，所以我觉得还需要我们每一个青年人自己重视，要我们青年自己给自己定位，定位要有方向，要注意在成长中积累自己、丰富自己、提高自己。有这些强烈欲望去提高自己素质的人就是有心人，有心的人才能变成一个有为的人，有作为的人，对吧？

采访人：是这样的。另外，在关心青年成长方面，团委也做了很多工作。

王景川：我正要说说团组织。它是个很有活力的组织。首先它能够成为我们年青人的一个贴心人，不管是团员还是非团员，使年青人愿意和团组织交流，这种交流应该是活泼的、坦诚的，内容是多样性的。组织好青年的活动，组织者绝对不要有居高临下的姿态，大家要很平等很开放，允许不同意见的争论。

采访人：团委 2007 年组织的文化大讲堂，就很受好评。

王景川：这个我也听说过，做得很不错。另外对于年青人我还想讲讲成长与高等教育的关系。近几年我局硕士以上学历的职工比例很高，我认为这个学历很重要，从成才的规律上来讲，受过较系统的高等教育和没有受过较系统的高等教育，成才的比例是不一样的，这是客观事实。所以从这一点上来看，你们有了这么多的学识，是极为宝贵的，要珍视。但你们也别太把它当回事，对于任何人来讲，特别是年青人，知识很重要，但知识不等于能力，因为能够把你掌握的知识融会贯通，去解决一些别人能够解决，而你从来没有遇到过的问题，并解决好，进而解决一个别人不能解决，而你能解决的问题，这需要能力。

知识很重要，但知识不等于能力；聪明很重要，但聪明不等于智慧。

采访人：入局后，审查员也有很多培训和学习的机会。

王景川：不错，作为审查员，不管你有什么学习积累，如果你不能参加我们局里的培训，补充法律知识，提升计算机操作技能，提高外语能力，你就不能够在较短的时间内深刻地理解发明构思，对申请作出正确的判断。所以我认为知识很重要，但知识不等于能力，聪明很重要，但聪明不等于智慧。这就要求我们踏踏实实地做好每一件事，要通过实践去检验自己的知识，丰富自己的知识，提升自己新的认识。把一般的从书本上，从他人那里得来的知识通过自己的实践结合有新的升华，来重新引导自己实践，这样才会使知识变成一种能力，使你的聪明变成一种大智慧。

2004 年 5 月 17 日，王景川（前排右一）参加
我局与马歇尔学院合作十周年庆典

采访人：王局长，我们很想知道，在您的成长过程中，有没有一直信奉的人生格言？

王景川：我没有什么人生格言，但是我认为很多事都要去做，而且也做了很多。我本来是搞科研的，也热爱搞科研，是国家级重点专家吧。38 岁在中国科学院当副所长，当时是科学院最年轻的副所长之一。当时，我们的所长给我打电话说："你去当副所长吧！"我说我比较喜欢科研，他就说："那你做点牺牲吧！"于是，从那个时候开始，我接受了繁琐的管理工作。这必然对自己的业务进展有影响，但是我并不觉得难以接受。当然如果我不当所长，也许我可以向学术界更高的层次走。

另外，我很赞赏黄炎培老先生留给他后代的一句话："事繁勿慌，事闲勿荒；有言必信，无欲则刚；和若春风，肃若秋霜；取象于钱，外圆内方。"

采访人：这句话很有道理，对我们来说尤其应该谨记。

王景川：咱们局的年轻人很多，但是层次不一样。有些小朋友很聪明，却人浮于事，不过是小聪明而已。踏实认真做事，是克服小聪明的最好办法。另外，还有些小朋友成天忙忙叨叨，一年下来，回头一看，却什么事都没有做。这也是要避免的，一定不要日积有余，而年功不足。

采访人：如果您当初没有任所长，那中国科学院现在就又多了一个院士。

王景川：（笑）那也不一定。我后来到了中国科学院工作，还是为国家做了点事，一个是在路甬祥院长的领导下，参与知识创新工程工作。作为试点，中国科学院对我们国家提出增强创新意识的举措起了重要的作用，我很有幸参与这个事情，做点自己力所能及的工作。在工作过程中，走还是顺着国家层面走，但我规范了一下，一个就是建立知识产权意识，制定好实施好国家知识产权战略。这件事情是努力和意识两方面都需要，有的时候是可遇而不可求，如果不是我们国家发展这个，我们局发展这个，就不会有个人来做这个。从这个意义上讲，个人是渺小的，但这并不否定个人的作用。

采访人：后来，您就来咱们局任局长了吧？

王景川：组织上当时安排我到咱们局，我认为我这么大年龄了，

接受《知识产权青年》杂志采访，左为王景川，
右边依次为王冬峰、卢学红、邵源渊

又完全没有专业背景，来做的话是很难的事情。但是我自认为算是我的优点也好，算是自己的一个性格也好，就是要珍惜每一分钟，安排我做，那我就踏踏实实地做，做总比不做强，不做你不是浪费时间吗？你老是在那心情忧郁，你说这件事情不是我喜欢的我就不做，老是自己在那闹腾自己，自己心情老是不好，那不是自己找自己麻烦吗？凡事都有改变不了的现状，要你来干，你就来干吧！赖着还不如好好干呢！而且你只要干，就肯定有新的阅历，新的积累，增加新的财富，这是一种态度。所以我就是认认真真、尽职尽责最好地履行对党的责任，这才是最重要的。

另外就是，对他人、对社会、对群众、对朋友、对同事要坦坦荡荡。我想年青人一定要立志于做大事，但是能不能做大事，还需要有机遇。但是思想必须端正，如果连这个都没有，即使有机遇了，你可能也找不到。

年青人做具体工作时要善于从更宽的视野、更高的位置看待我局的发展和自身的发展。

采访人：您觉得咱们局大的趋势怎么样？

王景川：大的趋势来讲，现在势头不错，但是需要务实，务实，再务实，抓紧，抓紧，再抓紧。这不是空话，这是实实在在的，必须要踏踏实实去做的事情。

采访人：现在，您是国家知识产权战略制定工作顾问，您能不能简单介绍一下有关知识产权战略制定的问题？

王景川：知识产权战略我是非常关注的，我在咱们局也经过具体的实践，是抓住了一个时机及时向中央提出来的。从国家层面来讲，主要是从我们局的工作来看，实际上我们从酝酿到提出是经历了认识、实践、再认识、再实践这样一个反复的过程。要是真正地实施起来，我们还会遇到很多新情况、新问题，那我们要加以解决，这是战略的指向，是我们在总体上应该理清的。

我们现在提出来建议，要制定和实施知识产权战略，不是单指知识产权事业自身发展的战略，它关系到我们国家的政治、经济、社会，关系到科技、文化各个方面的产业化发展。知识产权制度一个重要的功能是激励创新，而这并不是本质目的，这种激励创新成果如何来得到？我们知识产权制度要处理知识，使知识扩展、传播、运用，这个做好了，对我们国家实现我们所设想的经济结构、产业结构的战略性调整具有重要的意义，这是重要的法律、制度乃至文化基础，因此我们所致力的知识产权工作绝对不是知识产权事业自身发展的方面，它是一个国家战略。

从另一个方面说，知识产权战略也不是单指保护知识产权，保护很重要，但它只是个首要问题。对于这种保护，要注意到平衡创造者、权利运用者、使用者乃至消费者之间的利益。所以我说我们这个

2010年王景川在全国知识产权战略培训班上做主题讲话

战略，它应该囊括知识产权创造、运用、保护、管理，这是一个完整的概念。

所以回到年青人这里，要求大家提高认识，在做具体事情的时候要善于跳出来，从更宽的视野、更高的位置来看待我局的发展和自身的发展。

采访人：我是2002年入局的，平时见您也不敢打招呼，觉得您挺严肃。今天岳书记跟我们打电话说去采访您，我们还特别紧张。

王景川：（笑）咱们谈完不紧张了吧？

采访人：一点都不紧张了。谢谢您接受我们的采访，我们获益匪浅。

◉ 个人简历 ◉

张勤，汉族，1956 年 3 月生，重庆市人。1981 年 1 月入党，1976 年 12 月参加工作，清华大学核反应堆专业毕业，研究生学历，工学博士，教授。曾在美国田纳西大学、加州大学洛杉矶分校做访问学者，在清华大学做博士后。历任全国学联副主席，清华大学研究生会主席，厦门技术创新联合公司总经理，重庆市科委主任、党组书记。2003 年至 2009 年任国家知识产权局副局长、党组成员。2009 年 6 月任中国科协党组成员，同年 9 月起任中国科协书记处书记，2010 年 1 月起任中国科协常委。兼任清华大学、北京航空航天大学、重庆大学、厦门大学教授、博士生导师，中国知识产权研究会常务副理事长。

知识产权制度是动态的制度

被访人：张　勤

采访人：刘　洁　王　蒙　卢学红　赵　勇

采访日期：2008 年 12 月 31 日下午

采访地点：国家知识产权局 2 号楼 505 房间

编者按：2008 年最后一天，下午两点，我们走进 505 房间。采访伊始，在我们眼中，张勤先生是作为我局副局长接受我们的专访；采访结束，我们却觉得仅仅将他定位为局领导并不准确——将近两个小时的谈话，他对于知识产权的深入思考和阐述，使我们深有"闻君一席话，胜读十年书"之感。听他侃侃而谈，娓娓道来，期间并夹杂不少对我们的提问，让人一度有坐在学校讲堂的错觉。

采访人：张局长您好，很荣幸也很激动您能接受我们的采访！

张　勤：咱们局年轻同志太多，队伍大了之后，就比较难于有机会直接给你们讲局里面和国家发生的大事。当然我觉得还是有必要的，因为有些事情局内外、国内外都在广泛关注，但是我们新入局的年轻同志却没有机会直接了解。所以从关心局发展、事业的发展来讲，了解局里发生的事情很有好处。另外，咱们每做一件很具体的事情，都应该从大处着眼、小处着手，了解自己所做的事情在全局处于什么位置，和全局有什么关系，弄清楚之后，更有利于开展自己局部的工作，对自己以后发展的方向也有更好的期许。

《国家知识产权战略纲要》出台的背景

采访人：现在国内外、局内外最关注的自然是刚颁布的《国家知识产权战略纲要》（以下简称《纲要》）。我们很想知道的是，当时制定这个战略是基于什么样的考虑？

张　勤：对于这个问题，实际上我也经常问自己：为什么要做这个战略？跟你们不一样，我不是做审查出身，首先是科研工作者。当然，一直到现在，科研都没有丢。另外，我长期以来都在做科技管理工作。1997 年，重庆成为直辖市之后，我就去那里担任第一任科委主任，从而开始进入政府部门。这时对于整个地区的经济社会发展，科技应当扮演什么角色，从政府的角度应该如何加强管理服务等方面都有了新的认识，在业务领域方面，我开始广泛涉及科技、工业、农业乃至社会发展的方方面面的工作，视野一下就开阔多了。从这样一个角度，我到咱们局来做知识产权方面的工作，首先视角就和其他同志不一样，知识产权法没有现成的框框，没有人事先给我讲知识产权是怎么回事，这对我而言是优势也是劣势。劣势当然显而易见，不熟悉这方面的情况；优势在于没有思维定势，可以从更本源的情况来思考所做的工作到底意义何在。我们都想当然地认为知识产权是保护智力劳动成果，促进经济社会的发展。这样浅显的回答是很容易的。但若是站在全国的角度来看这个工作，问题就不是这么简单了。因为我们现在面临的背景和封闭国门时的是不一样的。刚才这句话在封闭国门的情况下来看是正确的，但如果把它放在经济全球化、知识产权规则国际化的大背景下来看，可能就会有其他的思考。比如我刚来的时候发生的导致深圳大量企业破产的 DVD 案件，这就是我们知识产权制度的实施，却产生了一个我们不想看到的结果。这就使得我们开始觉得知识产权的问题远不像我们原来认为的那么简单。从而开始进一步思考，力图弄清楚这个问题。

采访人：您早期参加过科技部的一个发展规划的制定，这个规划是怎样的？

张　勤：我是 2003 年 6 月到咱们局里的，2003 年 7 月科技部就组织科技中长期科学发展规划的制定。我被邀请作为专家参加第十八个

接受《知识产权青年》杂志采访，
左一为张勤、右前为刘洁、右后为卢学红

课题组。这个规划共有 20 个课题组。我所在的课题是关于体制、政策这种制度层面的课题。

采访人：当时的这 20 个课题和纲要中的 20 个课题相同吗？

张　勤：这个课题是科技部的课题，大体上是 20 个左右。当时我承担的课题就是科技发展中的知识产权战略研究。当然这个课题也是我提出的。大家也都认为这是很重要的一个问题，你又是来自国家

知识产权局的，当然这个课题应该由你来做。我觉得做这个研究也是请我去的目的。但是在研究中发现我们确实存在很多问题。接下来，局里要求我负责起草全国专利工作会议中代表国家的知识产权的工作报告，包括要给吴仪副总理汇报的讲话。那么我们的主题是什么？由于我们局在 2002 年提出了一个专利战略推进工程，我就把它改成全面推进实施国家专利战略工程，并且把我在科技部做的中长期规划中科技发展知识产权战略问题研究的一部分内容拿了进来。

这样，报告的主题就变成了实施知识产权战略。所以那时就提出来了实施国家知识产权战略。当然在此前我们确实也举办过知识产权战略的论坛，由发展研究中心主办的，在广东召开。而且有部分专家学者已经开始写文章，讲到了知识产权战略。但是大家对知识产权战略应当包含什么内容、解决什么问题并不很清楚。在知识产权界，大家都知道"strategy"这样一个概念，企业的知识产权战略之类的书也不少。但是大家在使用"战略"这个词的时候，含义还是很有分歧的。提法有，但是具体内容指向并不很成熟。这个时候我们就开始琢磨，国家的知识产权战略是什么？

要真正搞一个国家知识产权战略，就联想到我刚才提出的最基本的问题，我觉得就有必要联合我们各个政府部门、专家学者和社会各界的力量对我们实施知识产权制度短短的 20 多年作一个系统性的回顾，弄清楚一些本源性的问题，把我们的体制与社会经济发展之间的关系搞清楚，然后想办法优化，服务于我国的经济社会发展。所以，搞知识产权战略的最原始的动机就是认为我们的知识产权制度不应该是阻碍，而应该是促进我们的经济社会发展，应该是帮助而不是制约企业的发展。有这样一个朴素的概念之后，就开始往里面填充内涵。

这时，我首先问过我自己一个问题，也问过别人。我现在就问问你们，要制定国家战略，第一个要回答的问题是什么？

采访人：我觉得是先弄清楚什么是知识产权。

张　勤：对，最根本的问题就是弄清楚什么是知识产权。其实别看咱们是国家知识产权局，为了制定这个战略，在进行调研的时候，发现答案都五花八门，到现在也是五花八门，我们的《纲要》里面到现在也没有回答什么是知识产权。

采访人：但是我们读过您的一篇文章，其中对知识产权作了定义。

张　勤：那只是我的一家之言。你们年轻同志也好学、好思考，不妨也想一想。所以这是我最原始的一个动机。我看了很多专家教授的书，也听了局里很多老同志的意见，发现这个问题并没有真正想清楚。甚至有老同志说就没有真正系统地思考这个问题。这就和我们社会经济现实发展的需求产生了差距。如果这个问题都弄不清楚，那么怎么回答我们在干什么？而且作为政府官员，审查员现在虽然是"参公"，也应该是属于执行、行使行政权，从这个方面来讲，也是政府官员。那么我们是在做什么事情？这牵涉到政府本身的组成等很多本源性的问题。我问问你们，政府是谁的政府？

采访人：人民的政府。

张　勤：哪个人民的政府？

采访人：劳动人民的政府吧

张　勤：中国人民的政府！（笑）这还能有歧义？人民的概念是很多的，不是资产阶级、工人阶级这个意思。是人民的政府，但是是中国人民的政府，不是世界人民的政府，我们代表不了世界人民。推而广之，任何国家的政府，都只能代表本国人民，而不能代表世界其他国家的人民。那么有没有能代表世界人民的政府？没有。迄今为止是没有。联合国是个议事机构，有些能形成共识，不同意就各行其是。布什要打伊拉克，联合国不同意，但是他照打不误。这就牵涉到怎么解释国际知识产权规则。我们是一味追求接轨，向先进看齐？还是追求跟我国的国情相结合？以前我们局曾经搞过爱国主义的讨论。我们做知识产权的要有爱国主义，这到底是一种什么样的问题？是一种狭隘自私的民族主义？还是理性上我们本当如此？如果是狭隘自私的民族主义，那么我们在面对其他的外国权力的时候就会矮下去，腰不直，气不壮，因为是为了自私的利益、民族的利益和别人较劲，但是又羞于启齿。我的感觉，那一段时间，我们中国很多的政府部门都涉及知识产权工作，但是很多都处于道德劣势的地位。

采访人：中国入世谈判了 15 年，知识产权一直是一个难点。

张　勤：吴仪副总理在参加中美谈判的时候，美国代表第一句话就说我们在跟小偷国家谈判。吴仪副总理说，我们是在跟强盗国家谈判。非常精彩。这就反应了深层次的问题。作为政府官员，作为知识产权工作的领导干部，我觉得有必要把这个问题弄清楚。我觉得我自己应当要摆脱那种"以其昏昏，使人昭昭"的局面。这就引伸出来我们要搞知识产权战略就要回答什么是知识产权，要弄清楚什么是知识产权战略，战略的内容是哪些。另外，当时知识产权所扮演的角色已经远不是我们以前认为的在人们的视野之外，而是一个在报端媒体频频出现的词汇，不仅外国政府到中国来必谈这个话题，我们国家到外面去也必谈这个话题。在这种时候，有必要把知识产权问题上升到国家战略的高度加以论述。我正好被放在这个位置上，所以也就自觉不自觉地走在大潮的峰眼上。

采访人：咱们的《纲要》也涉及和体制有关的问题吧？

张　勤：我在做科技战略发展研究的时候，和一些教授合作，就发

2008 年 6 月，张勤（左四）参加《国家知识产权战略纲要》颁布会

现我们的管理体制非常复杂，而且不是特别合理。无论是行政管理体制，还是司法管理体制，都存在一些问题。因此，我们需要中央的各个部门，行政的、司法的部门，都应当加入进来系统地进行研究。2004 年的 4 月份，我们在争取欧洲承认我们的市场经济地位。温家宝总理在欧洲访问的时候，人家就说你们的知识产权保护不好，我们不能承认你们是市场经济国家。温家宝总理当时就宣布："我们很重视保护知识产权，我们成立保护知识产权工作小组。"所以，2004 年 4 月份就成立了国家知识产权保护工作组。这个工作组设在商务部。吴仪副总理是从商务部出来的，她和国外谈判也是走的商务谈判，但是涉及知识产权问题，所以也就把保护工作组放在了商务部。这对我们这个专门搞知识产权的部门形成很大压力。同时我也觉得知识产权问题应该不止是保护问题。所以我们在给吴仪副总理汇报的报告里提到

的是四个方面的工作，那个时候提到的顺序是创造、管理、实施、保护。当然现在我们是叫做创造、运用、保护、管理。这个思路向吴仪副总理提出来之后，她说我这儿的保护工作组主要是应工作的实际需要而开展的局部工作，而你们应该做更深层次、更全面、更多的工作。

采访人：在给吴仪副总理汇报之后，咱们都做了哪些基础性的工作？

张　勤：第一个基础性的工作就是和专家交流。我们的交流就是我写一些东西给他们看；第二个层次就是走访政府的各个部门。我们《纲要》制定涉及 33 个部门，最终得到这些部门的认可，愿意和国家知识产权局一起就战略问题进行系统研究，大家也都认为这是一个需要认真研究的问题，而且大家也都有积极性，觉得自己是和知识产权有关的。这一下就把部门的积极性调动起来了。走访了各个部门之后，才形成了具体的技术方案，然后再到国务院去，然后正式筹建知识产权战略领导小组办公室，并形成了包括文希凯、张志成同志在内的秘书班子。但是"知战办"这个办公室不是我们局的办公室，而是 33 个中央部门的办公室。办公室的成员就是其他部门的战略联络员，都是副司级以上的干部组成的，我们这儿是秘书班子，一个是"知战办"的办公室，一个是知战办的秘书工作办公室。但是实际工作都是我们在做。我们策划好之后，请这些"知战办"的成员来我们这里开会，大家提出意见，然后作出决策。

对《纲要》的解读

采访人：现在我们知道《纲要》的制定是非常复杂的过程，这和当初的预想是否有偏差？

张　勤：我的感觉是比我预想的复杂。一开始想的还是比较理想，自己觉得策划得还比较充分，应该说其中相当一部分还是有用的，那就是我们工作的方式方法，包括我们提出来的"低调宣传、内外有别、以内为准、政府指导"的制定战略的方针——不是战略的方针。后来把低调宣传改成了"适度宣传"。应该说这得到了大家的认可。

采访人：为什么要适度、甚至是低调宣传？

张　勤：宣传就是指我们在制定战略期间对于社会公众、对于媒体尤其是对于国外的宣传。这个战略不像科技战略。一般来讲，科技战略的前期工作是开放式的。但是知识产权问题包括中国应该发展哪些科学等都是非常敏感的问题。所以我们当时定下来的就是低调宣传。但是现在来看，尽管我们是低调宣传，国外，尤其是发达国家，都非常关注。举个例子，当时，美国商务部部长古铁雷斯就到国家知识产权局来访问过一次，不是访问国家知识产权局，而是访问"知战办"，然后在咱们局专门针对我国制定知识产权战略发表了一番讲话，给我们施加压力。

采访人：可见他们对咱们制定战略非常重视。

张　勤：这件事情的重要性，国外比国内认识得更清楚。但是你又不能大张旗鼓地宣传，怕引起人家高度的戒备。一定要预防，咱们还没有实施战略，人家就开始准备怎么对付你这个战略，但是又要把我们的人动员起来，所以这是一个矛盾。最后定下来是适度宣传——不能不宣传。如果不宣传，我们自己没动员起来，人家其实该关注的还是关注。事实证明，人家确实在关注了，通过各种渠道、各种方式，影响战略的制定。

采访人：您觉得《纲要》的制定完成之后，最重要的成果是什么？

张　勤：我想成果有两方面，第一个成果、也是我认为最重要的成果是战略制定的过程。这个过程让我们这么多的部门集中起来，为了一件事情协同工作，我们由此建立了一个工作的机制，一个相互联系的互动的平台。这是给我们留下的宝贵财产。并且在这个过程中，我们让其他的非专业知识产权部门专门抽出人来，都是主管的副部长作为组长，让他承担一切责任，战略制定得好与不好，做出来的水平的高与低，责任全放在他们的头上。把他们的人调动起来，围绕他们的工作系统梳理了一下与知识产权的关系，我觉得这个实际的成果虽然是无形的，但确实是非常重要的，它会实实在在地在我们的工作中起作用。并且他不是专家学者随便说说、坐而论道、不能付诸实际行动，它是主管部门，是政策制定和实施的部门，这是我认为最重要的一个成果。第二个成果才是出台了《纲要》和 20 个课题研究报告。这个《纲要》是一个交集，因为有不同的想法，最后要达成共识。但是关于知识产权，最后没有形成交集。

采访人：在《纲要》中有没有把什么是知识产权的概念确定下来？

张　勤：没有写，现在讲的是，知识产权制度是调节人们在创造和运用知识和其他有用信息方面的利益关系的法律制度。但是，没有对知识产权本身作定义。当然，这里面也明确了一些内容，只是如果大家就这么看《纲要》的话，那就不太容易理解《纲要》的内容。

但是我给你们讲一讲，就能比较深刻地体会到其中的含义。我们讲的知识产权制度包括什么呢？包括法规、体制、政策。我们讲的知识产权制度是包括这三者，不是一般教科书上讲的法律制度。法律法规固然是很重要的基础。体制就是我刚才说到的政府管理体制、司法管理体制以及两者之间的相互关系。政策就是政府部门制定各种各样的政策，或者要出台的某一项措施，比如我们要搞知识产权试点示范城市这样一个创建活动。通过这个政策来促进方方面面，调动各方面的资源来做这件事情。还有一个很重要的就是国家知识产权战略和其他很多战略的一个显著的区别在于，它是唯一一个以知识产权制度为主要研究对象和主要解决问题的战略。其他的战略，比如我们的行业战略、地区战略、企业战略，这些战略根本不可能涉及制度层面的问题，只有国家战略是涉及制度层面的问题。所以我们国家知识产权战略的第一个重点是完善知识产权制度。《纲要》的前三个自然段，讲的就是法规、体制、政策。

采访人：还有一个关于《纲要》的问题是，您觉得咱们的《纲要》最大的创新点是什么？

张　勤：很难说是创新点，但是有我们中国的特色。搞国家知识产权战略，中国并不是第一家，做得比较典型的是日本的知识产权战略。其实我觉得我们的战略没有做到他们的战略的水平，这和我们国家对这个事情的认识有一定的差距有关。日本的口号是"知识产权立国"。日本经历的是教育立国、技术立国，现在是知识产权立国。日本的知识产权战略大纲，前面的话并不多，但是很准确地抓住了日本为什么要建立知识产权战略的时代背景，尤其是日本所面临的背景。包括过去日本是以制造业为优势，现在优势丧失了，被中国这样的国家取代了，它已经丧失这方面的竞争力了。21 世纪又属于信息化的、知识为主导的社会，这正是日本赖以生存和发展的根基，所以他要把知识产权置于日本产业发展的基础地位，然后再采取一系列的措施。他们是以首相为知识产权战略本部的部长。2002 年 2 月小泉发表演说，提出知识产权立国战略，7 月战略大纲颁布，11 月国会通过知识产权基本法，不到一年的时间。那一段时间，小泉是每个月听取一次汇报。和他们相比，我们差得太远，我们的领导小组总共才开了三次会。

2008 年，张勤（左）接受中国政府网在线访谈，
谈国家知识产权战略

采访人：这跟咱们国家的重视程度有关吧？

张　勤：不是说我们的领导同志不重视，而是因为我们中国是大国，面临的问题很多。日本是发达国家，不面临转型等问题。

我们中国现在要解决的是老百姓吃饱穿暖，经济能够发展而不是停滞不前。我们的工业化还没有完成，而日本早已完成。另外中国实施知识产权的制度确实没有多长时间，才 20 多年，日本却是从明治维新时就开始了，有 180 多年的历史了。所以相比之下我们差得太远，普遍对知识产权的认识不是很深。所以你说我们在这个过程中有创新的东西，我想谈不上，但是有我们特色的东西。我们中国比较讲究实在，没有太多理论性的东西，但是日本就不一样。虽然它的篇幅并不长，总共三十页，但是十页在谈理论。可是我们基本上理论部分不超过一页纸，后面都是在讲具体的实施。

采访人：您提到过战略首先要解决的是理念问题。

张 勤：因为具体的内容很难写进《纲要》里面去。具体的东西，哪怕是知识产权制度，我们刚才也说到了，是法规、体制、政策，不可能在《纲要》里面把这些问题都规定下来，尤其是法律，写了是不算的，那是需要到全国人大通过立法实现的。所以我们在战略中体现出来的主要是理念，但是在后面的实施战略过程中，通过《专利法》、《商标法》的修改等，包括体制的改革，来解决这些问题。其中比如涉及一个复审委的法律地位的问题，怎么样减少审议程序过多的问题，怎样降低维权成本，有效提高侵权风险，这都要从体制上解决。讲到知识产权战略制定的过程，这里面有很多磨难和艰辛。

《纲要》的实施

采访人：《纲要》的实施过程，应该更为艰难。

张 勤：实施战略方面，我们建立了另外一种机制，就是部际联席会议。28 个中央部门，召集部门是国家知识产权局，田局长当召集人，我们在这样一个层面推进知识产权战略的。制定难，实施更难。我们过去还有一个领导小组，有一个开展工作的法定的高层小组。我们的知战办不是国知局的知战办，是国务院的知战办，所以它是一个超越国知局，跨部的工作平台。现在我们成立了保护协调司，来做部际联席会议的办公室的职能，但是变成一个内设司，只是由于工作和国家知识产权局最密切，所以由知识产权局牵头召集，建立

28 个部门的横向合作关系，显然这个平台就低了一个档次，工作的难度也更大了，这里面实际上还是理念问题并没有真正解决好，可能大家对很多问题的认识还没有真正的统一。

采访人：以后完善《纲要》的形式会怎么实现呢？

张　勤：所以我讲我们取得了两个成果，第一个成果很重要，一个原因在于整个战略制定过程中把思想已经灌输给政府部门，应该说一些基本的原则大家都是接受的，只是到了后期文字表述的时候删去了。但是这个思想还是为大家所基本接受，在我们参加战略制定的这个部的层面还是取得了比较好的影响。再往上面，对这个问题还需要更深入的研究，我们也没有时间向领导作深入的汇报，所以在这个问题上，前后两届政府的侧重点确实是不一样的。2008 年也是事情多发年，发生那么多事，中央确实很为难。所以这里面，现在年青人，包括我也要注意同样的问题，就是做工作不能没有理想，要是我们没有理想，就不会搞这个战略，那么知识产权在经济发展中对于我们这样一个尚未完成工业化的大国，它应当如何发挥好的作用，就很难有这么多的部门有一个系统的推进和认识，可能会使我们国家的发展受到一些影响。有了这个战略，有正面的促进作用，把知识产权的位置抬到很高。能够出来知识产权战略本来就是一个成功，后面实施的过程中其实还要不断地研究和完善，提出一些解决问题的方案。事物的发展不像我们理想化的那样按照直线走，有可能是曲线，拐着弯地前进，这个我们应该有思想准备，我们尽量使它走得直一点。

采访人：咱们制定战略本身不是专家主导，而是政府主导，是不是也考虑到站在政府的层面上与站在专家层面上，角度是不一样的。

张　勤：不一样，知识产权是有了制度，才有了产权，这跟物权是不一样的。这又谈到我讲的理念问题。物权和知识产权完全是不同的两件事情。从它们的产生来看，物权是先有权后有法，知识产权是先有法而后有权，权是依法而生，是创设的权，物权在人类没有文字的时候就存在了，世界知识产权的出现最多能推到 500 年的历史，这两者很不一样，需要从根上来理清楚我们的思路——知识产权既然是法定的，谁来法定？刚才我为什么谈政府？我觉得这个政府是广义的，包括立法机构，是国家机关，它所代表的只是本国人民的利益，不是要跟世界上客观存在的东西接轨的问题。我们搞知识产权战略研究最终是要弄清楚我们国家对于知识产权来讲的利益诉求在哪里？我们如何安排知识产权制度，使之符合我们的历史。战略说透了就是这样一件事情，但是这件事情是否为我们大家所接受，我还要画一个大问号，还需要我们的年轻同志来多思考、继续工作。这件事情决不是几年能解决的，我甚至认为它将会永远伴随中国，只要世界上还存在知识产权制度，它就会伴随中国，只会越来越重要。因为中国也逐渐在由制造业向知识产权产品的生产的方向发展，所以我们对知识产权的利益也在不断延伸。知识产权制度是动态的制度。

采访人：您在一篇题为《知识产权的哲学、经济学和法学分析》的文章中提到了这一点。

张　勤：美国在建国之初、发展中期，以至于到了现在，它整个的利益诉求都在不断的变化，它对知识产权的保护要求是由弱到强。刚才提到的日本从制造业大国向知识产权大国发展，他们的知识产权保护已经加入了第一方阵，中国现在显然是在第二方阵，甚至更落后。利益诉求不一样，那么制度的安排就应当不一样，这是由于知识产权的本性是依法而生所决定的。

采访人：您在文章中首先就论述了什么是知识产权。

张　勤：不清楚什么是知识产权，搞战略就失去了根基；我们整个知识产权的工作，包括你们审批专利，都失去了根基。为什么你们要审查专利，你们是在替天行道，还是在做国家利益的守护者？这是完全不同的利益决策。你们认为我们今天为什么要审批授权国外的专利申请？

2007 年，张勤（右）为宝鸡市国家知识产权试点城市授牌

采访人：是不是因为您刚才说的利益的平衡。

张　勤：展开讲其实也很简单，一句话，国家利益最大化。我在那篇文章中专门有一章就是讲国家利益最大化是知识产权制度的最基本的原则。我们授予外国人专利也好，不授予也好，判断的标准都是我们中国人民的国家利益最大化。当然如何弄清楚我们的国家利益为什么这样就最大化了，是需要进行实证分析的。所以为什么我要把经济学纳入进来。我一再讲中国的知识产权的研究应该是经济学、法学、管理学要合起来进行研究，而不单纯是法学问题。知识产权问题不是简单的法学问题。法是天平，讲究公平正义，这是法追求的。知识产权如果单纯从追求人类的公平正义的角度来看的话，它是说不通的，它不是一个简单的法学问题，我不赞成把知识产权研究中心或者知识产权学院都放在法学院，我认为它是跨学科的学问。事实上如果我们跟国外尤其是发展中国家的专家多接触的话，就会发现那里面很多的专家都是研究经济学而不是法学，也包括研究管理学，尤其是制度经济学。在中国，很多这方面的制度经济学专家却对知识产权一窍不通。但是，像阿根廷的卡洛斯等一些大牌的经济学家，专门研究知识产权。他们讲的理论都是讲利益关系的。而这些利益关系都是量化的，都是有统计数据的，所以统计数据不是从法学来研究的，而是从经济学、管理学来研究的。泰国实施了三个强制许可。这次我们把他们的专家请到中国来搞了一个论坛，就是专利公共健康论坛。泰国两个专家给我们算了一笔账，强制许可让他们每年节约了多少亿美元，外国的制裁让它们损失了多少亿美元。最后他们是赚了还是赔了。

采访人：结果呢？赚还是赔？

张　勤：他们的结论是赚了，每年赚 1 亿美元。这说明知识产权显然不是一个法律问题。对于国际知识产权规则是什么，你们怎么理解？比如 TRIPS。

采访人：是一种妥协吧。

张　勤：这个认识是对的。你们说是妥协，我说得更直白一点，是交易，利益的交易。更通俗一点，是买卖。各个国家的利益人，为了自己的利益得到更多，相互做买卖。做买卖有一个基本的前提，就是买卖双方都得到好处，否则是不能成交的，国际知识产权制度一定是买卖的各方都得到好处。TRIPS 就是这样一个结果，我们之所以谈判得那么艰苦，承诺哪些、不承诺哪些，实际上就是利益的交换。如果从这个角度上来认识我们的知识产权制度，而不是简单地从法上的公平正义上来理解的话，我们在行使我们的审批权的时候，就会有不同的认识。我问问你们，我们讲知识产权创造，你们怎么理解这句话？

采访人：我觉得是审查员、代理人、科技工作者结合起来，才能创造一项知识产权。

张　勤：很正确，这是我要表达的意思。用我的语言来讲，知识产权的创造，实际上是一项知识产权产品的创造的简称。有了一项技术，是不是就是一项知识产权产品呢？还不是，必须经过一段工序，才能变成一项知识产权财产的产品。最后这一道工序，就是需要代理人和审查人员联合完成，所以我们的审查是一个车间，是一个流水线，我们是审查工人，我们是知识产品完成的最后一道工序，但是这个产品的质量和我们这些工人的最后一道工序的质量有很重要的关系。另外这个产品是一个特殊产品。有些产品是限制我们发展的产品，但是，我们又不得不付给人家费用。我们怎么样在生产产品的时候少付出多获取，有很多的讲究。要靠我们的劳动来完成。比如你要缩小国外跨国公司的权利范围，你要找法律依据。那么你要依法找证据，这就意味着我们的工作量。如果只算很少的工作量，但是要做很多艰苦复杂的高水平的事情，那有效地压缩对方的权利要求的范围，就是很难

与采访人员合影，左起依次为王蒙、卢学红、张勤、刘洁、赵勇

的事情。

采访人：咱们局 2008 年对于重点专利采取了预警措施。

张　勤：这就谈到预警上面来了。我在局里一再强调要做专利预警。2008 年，我们列了五大专题，首次开始做。我现在也受局党组的委托，担任领导小组的组长，贺化为副组长，一起负责这个事情，这件事受到中央的高度关注。这就把我们的工作和国家的利益绑在一起了。比如咱们做的这个煤变油的专利。现在这个专题似乎不是很重要了，当初在每桶油 147 美元的时候，是何等重要的事情啊！

采访人：但是以后油价肯定还是会上涨的。

张　勤：对，今后这个问题肯定还是会出现。我们主管知识产权工作涉及国家利益，我们该做什么事情？你如果对知识产权有了正确的理念的认识，你就知道自己该做什么，精力应该往哪里投。而且专利预警也只能由我们国家知识产权局来做，别的部门没办法做这件事情。

采访人：再次感谢您接受我们的采访！

张　勤：也谢谢你们。

◉ 个人简历 ◉

　　贺化，中共党员，汉族，1960 年 7 月出生，河南郑州人。1983年毕业于天津大学化工系化工机械专业。1983 年 8 月至 1998 年 4 月任国家知识产权局专利局机械发明审查部审查员、副处长、处长；1998 年 5 月至 2001 年 1 月任国家知识产权局专利局审查业务管理部副部长；2001 年 2 月至 2002 年 11 月任国家知识产权局专利审查协作中心副主任、主任；2002 年 12 月至 2004 年 7 月，任国家知识产权局专利局秘书长；2004 年 8 月至今，任国家知识产权局副局长、党组成员。

机会偏爱有心人

被访人：贺　化

采访人：赵晓东　赵　勇　卢学红

采访日期：2009 年 12 月 9 日下午

采访地点：国家知识产权局 2 号楼 503 房间

编者语：采访当天上午，贺化副局长出席了由机关党委、报社共同主办的审查员文化建设座谈会，他在会上强调要在局内继续保持和巩固认真敬业、执行力强、依法行政的良好文化氛围，重视并不断推进机关文化建设。于是，将他与"文化"两个字联系起来；众所周知，贺局长是有着审查员的背景，不由在让人感生亲切的同时又满怀仰慕。不可避免地，此次采访也就被这样三个关键词——文化、亲切、仰慕——所主导了。

感谢组织的培养、信任和关爱，让我在 44 岁时当上副局长。

采访人：贺局长，下午好，非常高兴今天终于能够采访到您！

贺　化：首先得抱歉，我是很希望有机会和你们以及跟局里的年青人交流的，只是这段时间确实杂事太多，有时候一看局工作日程表上安排还很宽松，但其实各种汇报、会见临时安排得挺满的，所以实在不好意思把采访拖延至今。

采访人：说"终于"其实更因为这次采访，我们期待已久，您的个人成长经历对于专利局广大的青年同志而言非常有启迪——同志们都非常想知道，我们该怎样做才能在44岁时当上副局长？

贺　化：这得感谢组织对我的培养和关爱，没有组织的信任，也就没有我个人今天的发展。

应该说，我刚进局那十来年的发展并不能说很顺利，任副处长的时候已经34岁了，那是比较晚的。而此后的发展，应该说相对快些，从1994年任副处长到2004年开始担任副局长，只用了10年时间。

在机械部当审查员的时候，可以说我是痴迷于业务，非常热爱审查，跟咱们现在刚进局的新审查员一样，也经历了从对专利审查一无所知到初步明白什么叫审查的过程。但是过了一段时间，就又开始疑惑了，觉得自己还是没有很懂审查。就是这样不断地循环、上升，到了1996年，当时我进专利局的启蒙老师吴观乐（时任机械部部长）觉得我无论在业务方面，还是管理方面都还不错，就把我调到部门综合处当处长。1998年，我又被调到审业部担任副部长，在这个岗位上适应了两年后，2000年又被调到审查协作中心。刚听说局里要成立审协的时候，还跟几个比较熟的同事私下议论，说这个审协很难干，什么都没有，让人怎么做？我从2000年以后在审协干了两年，工作稍微有些眉目了，到了2002年，又被调到专利局任秘书长，2004年8月开始到了现在这个岗位。

经过这样一个发展过程，应该说个人承担的责任是越来越重，压力也越来越大。过去在综合处管3个人时，制定一项政策，如果错了最多也就涉及3个人。但是，现在制定政策万一有误，至少有四五千人就会受到很大的影响。

因此可以说，我现在真的是战战兢兢、如履薄冰，在这个岗位上责任太大，其实也挺痛苦的（笑）！所以，我经常和年轻同志们聊，我说只要你们愿意，走审查业务这条路挺好，咱们局业务性很强，走业务这条路其实很能体现自己的价值。

采访人：但是，业务做得太好就当副局长了。

贺　化：这个的确也跟业务能力有关，因为你当审查员时业务好，说明你敬业，工作敬业的人无论在哪个岗位上都能做得很好。另外，在咱们局业务做得好，底子打得厚，

1989 年 4 月，中国专利局首次专利知识竞赛，贺化（左一）等上台领奖

对个人今后从事其他工作也会有很大帮助。我现在跟大家一起讨论业务工作，例如讨论审查指南修改时，自己会把稿子认真审核一遍，并且提出很多的问题。

但是，我现在也感觉到自己的业务还是有所欠缺了。感触最深的是，前些日子和吴观乐老师讨论一个业务问题。吴老师的反应非常快，过去和他讨论，我都能听懂他在说什么，并能把自己的观点表达。但是那次和他讨论，我突然发现听不明白他说的话了！这让我感到很震惊。所以局里的一些业务研讨会，只要有时间，我都尽量参加，审查指南修改的每次讨论会我都会去。下个礼拜有一个两年一次的全国专利审查员和专利代理人业务研讨会，我也准备全程听完。我是分管业务的干部，如果自己业务太差，那可不行。

采访人：您要求审查部门每位副部长每年至少要做5个"一通"，也是出于这个考虑么？

贺　化：是这样的。我觉得我现在业务退步这么大，审查部门的部长们就不能再退步了，所以制定了这样一项政策。做这个决定之前，我还专门找了每一位副部长谈话。有时我就想，自己能不能也抽出时间来做点案子呢？但后来发现真的够呛，关键是心静不下来，但我还是希望部长们能够坚持。他们知道我很关注这个方面，所以到年底述职的时候，都会说自己今年发了几个"一通"。

采访人：您要是真做案子的话，碰到您审查的申请人可就幸运啦！

贺　化：那也不一定。2000年后，我就没再审过案子。1996年到2000年之间，我还一直坚持审案子。我曾经做过一个统计，发现我的授权率在44%左右。所以说，谁的案子要是被抽到我来审查，还是比较不幸的，但是一旦被授权，它的权利肯定会相对稳定些。

当机械部综合处处长时，思想斗争挺厉害。

采访人：贺局长，刚才说到您的成长过程，我们很想知道，在这十几年中，您觉得对自己影响最大或者是您最难忘的时期、事情是什么？

贺　化：应该说有几个节点是很难忘的。

第一个刚才已经介绍了，就是从审查员到综合处处长，这个转变对我影响特别大。之前一直都是做业务，工作受人尊重，而到了管理部门之后，虽然职位提升了，但是跟自己的性格爱好并不完全吻合，所以这个时候就切实感觉到需要对自己进行全方位的调整。

那段时间个人思想斗争挺厉害，但我的家庭教育让我从小就懂得只要是组织安排的，就一定要做好，我把这样一种观点叫做"知恩图报"。另外，不管当时自己心里怎么想，都要感谢那时的孙可副部长、吴观乐部长、姜颖局长、王景川局长和组织的培养。所以，当时哪怕是自己觉得有困难，和自己的性格不相符，也要努力把工作做好。

给你们讲几件过去的事吧，我也不知道现在的综合处处长还会不会做这些了。在机械部综合处当处长时，我管三个"兵"，分别负责部门的业务协调、文秘以及审查员提案子等，剩下打杂的事情，比如买信封、买文具等，就轮到我这个处长来做了，为什么呢？人家都有具体的分工，就我没有具体的工作，那时也没有辅助工。说起来你们不相信，那时候每次发文具的时候，我就弄一个小推车，挨个房间去发。有时候还不是发到处里，而是发到审查员的手上，非常有意思。

现在回想起来，我觉得在机械部综合处的岗位上学会了一样很重要的东西，那就是懂得什么是服务。在那里的工作，让我对综合岗位的酸甜苦辣有了比较深刻的认识，对我影响非常深远。所以说，从伏案工作的审查岗位走出来，从事性质完全不同的另一项工作，这是我人生中一个非常重要的转折点。

采访人：但是，您肯定在担任综合处处长时做出过成绩，不然为什么后来被调到审业部去了呢？

贺　化：其实也说不上是成绩，不过是多做了点事。其中一件事，就是对当时机械部 C2 系统的数据进行了整理。那时候，局里整个 C2 系统的数据质量都很差，机械部的情况尤其突出。如果没有记错的话，我当时曾经对全部所有的电子数据进行了一次清理。为了不打扰审查员正常工作，让他们把案子放好，我就拿着清单一件一件地核对。不光是我，当时我们的吴观乐部长、孙可副部长都一起做这件事情。我就觉得这个是我们局里当时的风气，是当时我们机关文化的一部分。部长亲自动手，没事的时候就和我们一起工作。印象中，有一次和孙可副部长一起蹲在地上整理，大概二百来件，一边找一边核对。做这项工作的过程中，我们发现接近一半的数据有错误。

从那以后，机械部整个数据就发生了比较大的变化。大概是2004年左右，我在全局也开展了一次数据清理工作，当时机械部的情况是比较好的，我想这跟我当时所做的工作可能还是有很大关系。

如果说打杂的工作让我增强了服务意识，那么通过数据清理工作，我的责任意识得到了提高。

采访人：说到数据，听说您当时还开发过一些小的数据库？

贺 化：那时机械部一些基础数据都比较差，部门哪些同志出过国、哪些同志参加过培训，这些统计数据都没有。我就着手建立了几个数据库，做了点统计。现在看来都是些很简单的小数据库，但在当时来说是很先进的。需要的时候，一调出来就知道哪些人接受过培训、有哪些特长，从而为部门管理提供一些数据上的支撑。

另外，担任综合处处长期间，当然还做了些协调工作。总的来讲，那两年好象也没做太多事。

听说自己要被调到审业部，压力也很大。

采访人：您太谦虚啦！您刚才说有好几个节点，其他几个是什么呢？

贺　化：刚适应综合处工作没多长时间，1998年4月份左右，一下子又把我调到审业部去了。你们可能不太了解，过去的审业部和现在不太一样，它跟审查部门之间有些对立。因此，当时听说自己要被调到审业部，压力也很大。但是去了之后我发现，之前在综合处学到的关于服务的意识起到了很大作用。

期间，我做了几件自认为还比较成功的事情。其中一个就是把局里审查业务交流的氛围给掀起来了。现在各部门都有跨部门的审查业务研讨会，譬如实审和复审之间。但那时候，第一次要办一回这样的交流会可真是让人十分头疼。根本就没有钱，得想办法筹钱。而且那时候大家对参与这样的会议的积极性都很高，不像现在去不去都无所谓。记得有一次开会，比预算参会的多了两个人，结果多出四百块钱来，没办法，我就去找陈仲华，他当时是规划发展司司长（那时候好像还不叫规划发展司），管钱。我说，老陈，没办法了，突然冒了两个。老陈很支持，说没问题，业务工作一定要支持。然后，我们还请姜颖局长讲了第一课。

后来我就呼吁要加强部门间的交流。所以，在第一年还是第二年，我记得不太清楚了，总共办了大概十一期。这样的交流很受大家的欢迎。

采访人：部门之间的交流会，现在也很受大家的欢迎，每次参加总能有所收获。对了，您在审业部，还做了哪些工作？

贺　化：在审业部，第二个就是抓培训。局里人教部的教育处当时在审业部，当然现在又变过来了。那时候对于新审查员的培训还不太规范，搞了两年之后，有了一些起色。

另外前面也说到，当时局里审业部和实审部之间对立情绪比较大。所以，我着重做了不少审业部和审查部之间的沟通工作。经过一段时间的努力之后，不能说不对立了，但还是有所改观。真正解开这个疙瘩的，是王景川局长。大概是在 2001 年的党组会上，对审业部工作重新作了五条定位，这个重新定位主要是从统一标准、做好服务和协调工作等方面对审业部工作作了要求。从那以后，在孙可部长的领导下，我们的工作方式有了调整。

在审协，他们都叫我"贺老师"。

采访人：随后，您就到了审协了吧？去审协时的情况是怎样的？

贺　化：在审协工作几年，唯一留下的印象就是一个"苦"字。为什么这么说呢？最开始我提到过，审协成立的时候，我们都私底下议论说"谁去都难干"，因为它还什么都没有啊。

但突然有一天，马连元局长找我谈话。我记得很清楚，大概是在 1 号楼的 19 层，东南角房间，马局长叫我过去。我之前其实很少和马局长接触。他把我叫过去了，一开始就讲了建立审协的必要性、重要意义以及未来的发展等，讲了大概 20 分钟。其实我早就听明白了。当时是 12 月份左右，我的汗却从后背滴滴答答往下流。

我就说，马局长，我都知道了。我当时想着他之所以绕着圈子说这么多，大概是担心我提出不同意见。我就说我听明白您的意思了。但是，他还是不说要调我过去，还在讲重要意义。我就重复说，马局长，我已经明白您的意思啦！您找我谈话是作为党组征求我的意见呢？还是党组已经决定就让我去呢？马局长没有说话。我就又接着表态，我说如果党组是征求我的意见，我就两个字——不去；但如果党组已经决定了让我去，那我就执行，作为一名党员，我一定努力把它做好。

问：您当时去了是担任审协的主任吗？

答：不是主任，而是担任副主任，主持工作。但就我一个人，所以我是主持我自己的工作（笑）。也没有办公室，就今天借老宋（宋小逸）的，明天用老胡（胡一鸣）的。这是一开始环境上的苦，连个根据地都没有。

决定建立审协的时候是 12 月份，第二年就至少要招聘 100 名审查员，这是明确写在王局长在党组扩大会上的讲话中的。

准备招人的时候，编制还没有下来，正在跑这个事情，然后还要进行事业单位登记，这些都没有下来，就不能进行筹备，我就想选择另外一个副主任来作帮手。党组对此非常支持，马上就公开选拔，然后魏保志同志就过来了。这样我们有了两个人，两个主任。但是钱还没有，房子、办公室都没有，制度也没有，这怎么办呢？

首先，就是要筹建一个小班子。在审业部工作两年，最大的积累是跟审查部门的关系处得不错，人缘还行，跟管理部门的关系也还可以，所以几个部门的同志都很支持我。后来就分别从机械部、物理部、电学部、化学部、出版社"挖"了几位同志过来，还从外边招聘了财务方面的人员，这样大概 1 个月左右，虽然"兵"还一个没有，但是领导班子已经搭起来了，处长们已经全了。

接下来就是招聘。这时候的困难在于所有的管理规定都还没有，我就自己起草财务规定，人事方面关于绩效、考勤等规定，这些规定大部分都是我自己一个字一个字写出来的，很不容易。为了写这些规定，从网上下载了很多相关材料，堆起来半米多厚，然后就开始学习。到最后还都弄得挺熟的，当然现在可能又不行了。但是那时候和人事部门的同事讨论人事方面的问题时，人家是专家，说你这个不对，应该怎样怎样，我就说你才不对，根据人事部 1990 年第几号文第几条应该是怎样的，结果让他们佩服得不得了。

弄完这些规定，把架子搭起来，就已经是二三月份了。那时候也不懂，其实这个时候再招聘已经过季了。现在的招聘你们都了解，都是头年 10 月份就开始了。所以我们到处看广告，看北京哪里有招聘会，但是这个时候去，人家招聘会的主办方居然还不让我们去。

为什么呢？因为关于事业单位的文没有办下来，人家说你们不能参加。我们就协调，告诉人家我们正在筹备。大概是四五月份的时候，我们才完成税务部门的登记，在此之前，每次去招聘会，都要跟人家说好话，哪像审协现在这么"牛"啊！现在他们早不去招聘会了！听说审协今年招聘更牛，网上一开通，当天就被压垮了。我说真够"笨"的，网都能让人压垮。人家说没办法，报名的人太多了，挂上去才十几秒就有人开始登陆。

采访人：开始去招聘会的时候，办公环境有改善了吗？

贺　化：招聘面试的时候，是在小六楼进行的。我们在那有六七间房子，但都是空的，里面一个桌椅也没有。但是专利局的行政处还是挺支持我们的。专利局淘汰的桌椅板凳都在地下库房放着，他们就把我们带到那里，很大方地说你们看上哪个就拿哪个（笑）。然后，我们就弄了些破桌子、残椅子上去了，面试就在这样的破桌乱椅上进行。这样的条件，当时很多人来了一看就走了。所以我对 2001 年录用的三期共 124 人充满了感激。我现在经常对审协的领导同志说，不要忘了这三期的同志，虽然后来博士、硕士招了很多，但是一定不要忘记创业初期就加入进来的同志们，不管是培训还是其他的机会要优先考虑他们，至少要留出一些份额。

之所以这么要求，因为当时能坚持下来，的确是很不容易的。招聘的时候是在2001年四五月份，同年7月份就开课了，但是到7月16日，我账上还一分钱没有呢！账号已经建立了，但是没钱，我就找到财务的老张，"挟天子以令诸侯"，我说按党组的要求，我已经把人招来了，要是1个月内钱到不了账上，我就把这一百来人给解散了。结果，才两天时间，钱就到了。所以没有党组的支持，没有局各部门正确理解党组的意图并加以贯彻的话，审查协作中心根本不可能成立，更不可能像现在这样发展。

采访人：没有您那个时候的付出，大概就没有今天的审协。

贺　化：那时候的确是非常辛苦。前面讲到了环境上的苦。另一个苦是体力上的，记忆中我一年多没有休过周末。不光我没有休过，我们的小团队成员，周末加班都是常有的事。这样到了2002年的七八月份，审协就比较稳定了。

采访人：听说在审协，大家都称您"贺老师"？

贺　化：不光是我，现在在审协，他们管主任也不叫主任，而叫"老师"。为什么审协会有这样的传统呢？因为我个人曾经在审业部呆过，负责过人员培训方面的事情，所以到了审协之后，新审查员的培训还是由我来负责，当然同时还有局里培训部门的支持。而且我自己也参与上课、带学生，我带了至少30个人。最多的时候，我同时带过20多名学生。所以这样一来，他们不管我叫主任而叫"老师"，就一直这样传了下来。

采访人：听您介绍审协从无到有的这个过程，听着都觉得挺犯愁的。

贺　化：这个有一个好处，就是现在如果再让我成立一个单位，我知道该怎么做了。当时确实是挺犯愁。自己没做过，其他很多人都没做过，怎么建立一个单位。都有哪些事要做？想都想不过来。跟开一个会似的，有的同志觉得开一个会有什么了不起。我开过很多会，我知道要组织一个大型的会议可不得了，尤其是国务院领导要出席的会议。

采访人：目前审协已经承担了包括发明、外观设计、实用新型专利申请的审查，您觉得它和专利局之间，差别在那里？

贺　化：文化不一样吧。我一直强调机关文化的建设。在审协的整个建设过程，就是整个软实力的建设过程，文化是最基础性的。审协和咱们机关是两种不同的管理模式。再往上是制度建设，再往下是执行。所以审协和专利局是两种不同的模式，不能用同样的标准去要求。在不同的文化氛围下，要是制定同样的制度，产生的结果只会事与愿违。所以不能这样，一定不能拿着审协的一些做法来要求专利局的审查员。我们审查部门也有很多具有很多亮点的模范同志。我举几个例子——机械部的朱仁秀，以及张茂于、葛树、李永红、张鹏，

2011年5月26日，在审查协作中心成立十周年表彰会上，贺化（左一）接受田力普局长（右一）授奖

这些部长们都经常晚上八九点钟下班，都很敬业。由于我们的管理体制不同，可能会导致不同的结果。文化的交融能够使得大家的理念有所变化，然后取得共同的进步，如果强制用一种文化来影响另一种文化，可能都得不到好的结果。

强局的标志是：中国专利局可以说不！

采访人：您说到的强局是我们的目标，我们现在处在哪个阶段？

贺　化：我们现在是处在爬坡和追赶阶段。各种数据表明，我们正在向我们的目标靠近。如果大家能够统一思想，形成好的机关团队文化，再拼搏几年，在 2015 年建成强局是有希望的。

采访人：如果为"强局"设立几项指标，您觉得应该是什么？

贺　化：作为一个强局，我觉得有这么几条是应当值得我们关注的，首先必须有一支具有相当规模、综合素质非常强的审查队伍。虽然，现在从队伍规模上讲，跟韩国、日本、欧洲以及美国比起来，已经算是大局，但是我们的综合业务能力还不够，效率还赶不上人家，不能很好地根据国家需要对专利政策进行调整。

采访人：前些天参加了局里举办的"知识产权与核心竞争力"论坛，其中提到了现阶段是否应该降低专利门槛以鼓励发明人的积极性，从而促进经济复苏。这跟您所说的应该是一回事吧？

贺　化：对，就是专利门槛的问题。这是我要说的第二个指标，就是什么时候我们具备根据国家的需要而制定相应的专利门槛的能力，我们也就跻身于强局之列了。

而与之相关的，我认为强局所应达到的第三个指标，是我们的审查工作已经不仅是高效的审查，同时还能做到使局里根据国家需要制定的专利门槛很好地加以贯彻落实。

我曾经提出过审查要分领域，不同的领域采取不同的审查规则，从而达到维护国家利益的目的，也是基于这样的考虑。

采访人：能做到上述三点，咱们局在国际上的影响力应该也很大了！

贺　化：对，这也是我要讲的关于强局指标的第四点，即什么时候咱们能影响国际规则的变化了，咱们就能够称得上强局了。

有这样一件事我记得非常深刻。2000 年，我曾经去 WIPO 参加 PLT 会议（专利法条约外交会议），去之前花大量时间做了充分的准备，但结果轮到我发言的时候，下面的人却都开始睡觉——没有人关注中国代表团的发言！我们在台上慷慨激昂，却对台下的人丝毫没有影响。然而几年过去了，现在再去开会，全场都会聚精会神地听。不光是听，会下还主动过来找你切磋，问你表达的意思是这样的，还是那样的，我们有什么问题你们看能不能支持一下……这在 10 年前是难以想象的。

所以我们在国际上的地位已经有了很大变化，但是还不够。我觉得当在制定国际规则时，如果中国专利局说"不"，那么这个规则至少会因此而停顿一段时

2010 年 7 月 21 日，贺化在中、日、韩三国局长会议上做演讲

间，也就是我们已经能够影响某个规则的制定时，我们就可以称得上是强局了。换句话说就是我们具备了价值输出的能力，能够使得自己的思想、文化得到别人的理解时，我们就已经强大起来了。

当然强局建设还包括很多其他的因素，例如信息化的建设。我们目前的电子审批系统的设计，就已经接近一些强局的水平了。

总之，我个人觉得目前我局存在的问题主要还是在软实力方面，硬件方面基本上已经没有问题了。

质量评价体系与大家的工作之间仍处于磨合期。

采访人：说到软实力，咱们局目前的质检制度，也是提高软实力计划的一部分吧？

贺 化：质检的存在由来已久，自从存在审查，就存在着质量检查。只是我们现在提出了质量保障体系和质量评价体系。其中，质量评价体系是质量保障体系的一个组成部分。你们作为审查员应该很清楚，这个质量保障体系分为三级，分别是局级、部级以及处级。

三级质量保障的目的和分工又各有不同。

局级质量保障主要是诊断和导向作用，同时还对部门而不是对个人的质量进行评价。这也涉及刚刚所说的专利门槛的问题，我们根据需要把这个门槛提高了，可以通过局质检加以体现。

部级质量保障的功能主要是对本部门进行整体监控，从而诊断出部门的审查与局里的导向是否相同。

处级质量保障才是对每一位同志的审查质量进行控制，起到把关的作用。所以处级的形式可以灵活控制，可以采取多种方式。比如新型部有一种免检制度，部里要认为对某些同志的案子可以放心了，那就不检查了；而对有些同志的案子很不放心，那就个个都检查，发一个检查一个。

采访人：作为审查员队伍中的一员，我们都很关心质量评价体系今后会如何发展？

贺　化：在将来局级的诊断、导向功能会更加明确，而部级则应该根据局级质检的导向来制定本部门审查策略以及管理措施，同时处级仍然要具体到每一位同志。这样从上而下，由大方向到细节的把握都能兼顾。

采访人：相对于这个设想，目前的质量评价体系需要改进的主要是什么呢？

贺　化：目前来说，局级承担的责任多了一些，所以大家对整个的质量评价工作会有一些不理解，这可能跟质量评价体系与大家的工作还处于磨合期有一定的关系。

你刚才问到质量评价方面现在存在的问题，我觉得这个体系刚开始上线的时候，有些方面考虑得可能确实不是很透彻。比如刚开始上线时定了 33 个指标，现在把这些指标分成了两级，从而引导大家的关注度。

任何一个产品输出部门，没有质量控制恐怕是不行的。专利审查同样也是一种产品，是面对申请人、代理人、社会的产品。我们现在推行的四联动政策，即把质量检查、培训工作、规则的修订以及业务研究四个环节联接起来，才有可能做好质量控制工作。这也是质量评价体系发展至今不断完善的结果。

目前我们的质量评价体系，虽然屡次强调要向实体性方向进行转变，但是对实体的质量控制还缺少好的成行的办法和措施，要尽量让审查员少把注意力放在一些形式问题，比如审限、表格上，因此我们也正在致力于提高配套系统的建设。

说到底，质量控制包括对审限的控制等，这都是出于对社会负责的目的。究竟怎么样把社会需求与我们的具体管理措施结合起来，是我们一直在考虑的问题。

2010 年 3 月 9 日，贺化（前排左五）参加第一次专利审查工作务虚会

抓住机会，年轻人才能脱颖而出。

采访人：感谢您谈了这么多！前面我们知道了您个人的成长过程，发现无论在什么岗位上，您一直是个有心人。那么，在目前局内 80% 左右的同志都在 35 岁以下的形势下，您认为年轻审查员怎样才能脱颖而出呢？

贺 化：你实际上提了一个专利局目前所面临的很大的问题，党组也认识到了这个问题。近几年连续扩招，专利局有好几千集中在五六年间入局的年轻同志，这样一个庞大的群体，怎样才能使得每一位同志都能够得到全面的发展？这是摆在每一位领导同志面前的难题。

从局这一层次考虑，我们一直在争取根据咱们局的人员特点而适用不同的管理模式，例如采用技术类公务员。这一点，我们一直在与人事部进行沟通。虽然这项工作还没有完全启动，但是如果一旦在这方面取得突破，就给大家争取了更多的机会——僧多粥也多，竞争就不至于太惨烈。

另外，我们尤其需要关注的，是在现有的平台中应该怎样体现自己，以便得到机会快速发展。这其实也没有什么可说的，老生常谈的话题，机会总是留给有准备的人，我对这句话非常赞同。我的理解，其中有两层意思，一是说要通过学习提高自己，哪怕学的东西一时半会儿还用不上，但是将来没准就会出现这样的机遇。譬如你现在学了经济学，似乎和审查并不相关，但是现在我们在搞专利预警分析，你有这样的基础背景，就会很快适应这些工作；机会留给有准备的人的第二个层面是指，机会来了，你得抓得住才行。我们有些同志，给了他机会，却总是把握不好。我觉得这其中还涉及一点，就是奉献精神。

刚开始我说了，实际上，后来10多年我个人发展得的确很快，现在想来，就是当机会来到的时候，自己把握好了，然后取得了一些进步。如果我干工作瞻前顾后，考虑过多的细节和太多的得失，机会到来了也抓不住，就不会有今天的进步。所以说，要抓住机遇，才能有发展。

采访人：前些日子，中央国家机关团工委吴海英书记讲过，作为团干部，要低调做人，高调做事。

贺　化：这也是我所赞成的观点。其实每个岗位都有展示才华的机会，就看你是不是用心去做，是瞻前顾后，还是全身心地投入。

做到用心之后，要抓住机会其实是很简单的一件事。我觉得我们很多同志，包括我们一些领导同志，包括我都一样，如果某一次的发言考虑得比较充分，准备得比较好，大家对你就会有一个新的认识，领导对你就会有新的看法。

所以说机遇是很多的，机遇天天从你身边走过，只是你没有注意到它。现在的年轻同志比我们那个时候好很多，我们那个时候除了领导安排，自己几乎没有什么表现机会。但是对于现在的年轻同志来说，就可以主动表现出自己某方面的特长和能力。不想当将军的士兵不是好士兵。通过你自己的努力而得到全面的发展，是一件好事。

采访人：对于年轻同志们来说，您的建议是最具体而且最实用的！在我们年轻审查员的心目中，您一直是榜样性的人物，论坛上对这次采访也非常关注。您的这些建议，对年轻同志们来讲，必定会产生非常大的影响，进而促进您一直倡导的机关文化的建设！

贺　化：非常乐意听到年轻同志们对我的管理提出意见、建议、反馈以及各种热辣的批评，我不怕批评，而且对批评的关注比对表扬还要高，批评是对我最大的帮助。另外，机关文化的建设需要我们大家共同努力，我们每个人都是这种文化的建立者，最终必然也是受益者。

与采访人员合影，左起依次为卢学红、
贺化、赵晓东、赵勇

◉ 个人简历 ◉

付双建，1953 年 4 月出生，河北肃宁人。1974 年 11 月入党，1969 年参加工作，北京科技大学成人教育学院函授。历任河北省邯郸钢铁总厂教育培训部党委副书记、书记，总厂安装工程处党委书记，河北省经贸委副主任、党组副书记，河北省冶金厅厅长、党组书记兼省经贸委副主任、党组书记，河北省国土资源厅厅长、党组书记，河北省海洋局局长。2002 年 1 月至 2007 年 12 月任河北省人民政府副省长，省政府党组成员。2007 年 12 月任国家工商行政管理总局副局长、党组成员。

增进了解　加深认识
共同推进知识产权事业发展

被访人：付双建

采访人：付　旋　赵　勇　王　荧　李晓明

采访日期：2012 年 4 月 26 日下午

采访地点：国家工商行政管理总局

编者语：走进付局长朴实无华的办公室，有谦谦长者之风的付局长起身与我们握手，寒暄过后，他非常详细地与询问了局内青年工作和《知识产权青年》杂志的情况，并且有针对性地提出了加强两局之间青年交流的具体建议。虽然我们在采访之前详细地了解了付局长的工作经历，但采访过程中才发现他曾经是河北省最年轻的团省委委员，有一种"他乡遇故知"的感觉。一个多小时的采访，付局长侃侃而谈，从短时间消除商标审查积压，到对商标品牌的理解，再到青年工作，条理清晰、思想深邃、信息量大，让我们对商标这一知识产权领域有了全面系统的了解。

采访人：付局长，您好！我们是国家知识产权局《知识产权青年》杂志的编辑，早就希望能够采访您，能在 4 月 26 日世界知识产权日代表全局青年近距离与您交流，真的非常高兴！

付双建：对啊，我也很高兴我们能共同度过这个日子。国家知识产权局田力普局长，新闻出版署阎晓宏副署长和我平时经常在一块儿，我们叫铁三角。希望你们青年也能如此，而且对今天这个采访也给你们建议，我们今天就是交流，不一定局限于工作。

采访人：好，那我们就开始了。

我们用了三种办法，把审查的数量提上去了。

采访人：据我们所知，从 2000 年开始，商标申请开始形成积压，到 2007 年年底，商标注册申请积压已经达到 182 万件，商标注册周期延长至 36 个月。2008 年，国家工商管理总局提出三年内解决积压的承诺，经过不懈的努力，到 2010 年，圆满地完成了三年内消除积压的承诺，在这么短的时间内，能够完成这么大的一个工程，非常不容易，总局做了一些什么工作？

付双建：我先给你们介绍介绍我们工商总局商标相关的组织机构、职能和工作流程。传统知识产权包括专利权、著作权（版权）和商标权，根据国务院"三定"方案，工商总局主要负责商标的注册、管理、保护。按照《商标法》规定，审查完成后如果说没有异议，就公告发布。公告期结束，那就注册了。如果在公告期有异议，商标局还可以再审查。审查如果说异议不服，再到商标评审委员会（以下简称"商评委"）去复议。还有一些其他程序，比如撤销程序

需要到商评委。但是，如果撤销，商标权也随之被撤销。根据过去
《商标法》的规定，商评委是终审。后来随着加入 WTO 和两次修改
《商标法》，2003 年修改《商标法》的时候，就把后面的程序延伸了。

商标协会属于民间团体，它叫中华商标协会。当时起名字的时
候，有人主张叫"中国商标协会"，也有人主张叫"中华商标协会"。
这样很明显，我们就把台湾、香港也一起包括进来了。当时有那个意
思嘛，但能不能起到作用，还主要是靠今后的合作交流。

我们部门大体就是这么一个设置。人数呢，商标局是 280 多人，
商评委 70 人。中华商标协会根据工作需要，现在有 20 多人。我们国
家的商标制度几经反复。特别是在"文革"的时候，把商标注册撤
掉了，改革开放以后才恢复。2001 年的时候，商标每年的申请是 20
多万件，并且每年以 10 万件左右的速度增长。到了 2006 年，年申请
量就增长到近 70 万件，2007 年最多的时候达到了 76 万件。但是，商
标局 285 人的规模是按照当时的年申请量 20 多万件设置的。因此审
查能力不足，导致商标的积压。到 2007 年底，积压达到 180 多万件。
当时的审查能力是多少呢，一年审查能力也只有 40 万件，这样积压
就越来越严重，审查周期也一度达到了 36 个月。商评委的情况也差
不多，同样产生积压，积压的年限都在七八年，有的案子甚至十几年
也结不了。所以，当时这个在社会上反应也大。到了 2005 年之后，
两会代表有很多提案要求加快审查，每年开两会，我们这边就紧张。
有提案就得有答复。这些，我们也力图想办法解决，但是由于种种原
因一直没有解决。而且这个事儿还引起了外国政府和国外企业对我们
的不满。有的直接给我们发函，提出加快，提出质疑。而且还反映，
这样对企业利益损失很大。因为商标权也属于财产权嘛，所以，我们

接受《知识产权青年》采访

在那个时候，是"内外交困"，压力很大。

后来，特别是周伯华局长到总局以后，更加重视这个问题。当时，说我们总局要解决八件大事，首先就是解决商标积压问题。其实，这个事情并不复杂。但是，为什么解决不了呢？因为涉及一些人员管理体制的问题。如果体制问题不解决，这个问题很难解决。那么，在现有的体制下，要解决，就要另辟蹊径。经过研究，我们采取了三个主要措施。

第一个措施就是想办法增加审查力量。根据申请量测算需要的人数，但是不可能再给你增加编制。在这之前，我们也到你们知识产权局考察过聘用的相关机制。这样，我们从财政要求支持一笔资金。我们大体算了算，当时两种方案，需要聘用的人很多。后来，感觉一下进这么多人，也确实很难。后来我们测算一下最低需要增加400人。300人到商标局，100人到商评委。接下来面临的就是全面招聘和培训上岗。我们大体用了四个月时间，实现了考试、招录、培训上岗。

第二个措施就是调整我们内部的组织结构。原来内部的设置不太合理，原来的处人员规模都比较大。一个处三十多个人，根据审查流程，每个案件审查完成后需要处长签发，对审查质量负总责。因此，我们就把内部机构做了调整，把原来的三十多个人的处减到十几个人，让大家都很顺畅地使这个流程能够进行下去。

第三个措施是建立激励机制，调动人的积极性。我们设立了奖励制度，充分挖掘人的潜力。假设一个人一年审 1000 件，那么，如果说我以 1000 件作为基数，如果你超出，会给你奖励。这个我们搞的时候也是挺费劲的，因为机关搞奖励，挺有风险。当时有的人有顾虑，最后给周局长汇报一下，我说这个机制必须建立。最后，我们周局长也很支持，作了决策。

我们用了这三种办法，把审查的数量提上去了。当然，我们还有其他一些方法。我们通过签订责任状提高大家的认识。我当时开会动员的时候讲，同志们，你们知道不知道，中国企业的平均寿命周期是多少？他们说，不知道。2007 年底，我在河北省管工商业，当时中国企业的平均寿命周期大概是 2.5 年，这意味着企业创办的时候申请商标，企业死掉了，商标还没有批下来呢。就让他意识到问题的严重性。但是，我们整个经济发展也是方方面面，商标是其中一个重要方面。企业没有商标，就无法更好地去经营，去生产。大量的非注册商标在社会上流行，对社会经济秩序也很不好。所以，当时签了责任状以后，我就给他们讲，我说古代的时候叫"军令状"，现在不叫"军令状"，叫"责任书"，但你要知道它的分量，如果说完不成任务，虽然不会杀你的头，但会免你的职。大家就把压力承担起来。靠各种方法，理顺机制、权责明确、充分调动积极性，2008 年当年，我们的审查量就达到了 75 万件，超过了申请量。这样大家就看到了希望。后来又经过两年的努力，第二年就达到了 141 万件。第三年 148 万件，最终把这个问题解决了。

知识产权既是经济的构成部分，同时也是经济最大的延伸和引领。

采访人：您担任过大型国企的团委书记和领导，也担任过河北省主管工业的副省长，您能不能谈一谈知识产权对地方工作，特别是地方经济发展的作用。

付双建：我做团工作的时间比较久了。二十岁的时候，就是共青团河北省委常委。1973 年，河北省第一次团代会，有十三个常委，我是其中的一个常委。后来，我就在我们邯钢当团委书记。其实，"知识产权"这个名词是后来才起的，那会儿大家的认识还主要是"科学技术"。特别是"企业技术改造"、"发明创造"等，这些说法比较多。但是有"知识产权"的概念，也就是近一二十年的时间。过去大家的这个意识还不够，也和我们的发展阶段相关。但是，知识产权在现在这个历史阶段，在经济发展当中的地位应该说越来越重要了。所以，有的人说 21 世纪是科学技术的世纪，也有的说是智慧的世纪。但不管怎样，因为知识产权是人类智慧的一种体现。归根结底来看，经济发展一定要靠智慧。特别是随着人类的发展，地球资源就是再多，也有限。那么，把这有限的资源，最大化地变成人们的财富就需要智慧，需要知识。特别像我们国家，要转变经济增长方式，调整产业结构，要实现创新，如果没有知识产权，是很难做到的。所以，应该说知识产权既是经济的构成部分，同时也是经济最大的延伸和引领。

我们设想一下，一个没有知识产权的经济会是一个什么样的经济？很难设想。所以说，它跟经济的联系，越来越紧密。而且越来越成为我们国家实力、竞争力和影响力的体现。

2007 年 2 月 7 日，时任河北省副省长的付双建（左四）参加石家庄海关关区工作会议

我们知识产权其实体现的是什么，就是创新。它的核心是创新，它的灵魂是创新，它的表现形式有的时候是商标，有的时候是专利，有的时候是版权。但它是知识的一种体现。

所以我说，决定将来中国在世界上的地位，经济总量固然很重要，但更重要的是创新，更重要的是在这个领域中能不能领先。

说起三种传统的知识产权（专利权、商标权和版权），我在做商标战略的时候，开过三个座谈会，请过专家，请过我们工商干部，也请过一些企业人士座谈。目前为止，如果要使我们国家的专利质量能够达到世界级水平，特别是发明专利，没有十年二十年，甚至更长的时间，是很难做到的。这个不是说我们自己不行，而是有一个积累的过程。版权，还不太一样。版权是一种文化。中国这种文化要想融入世界，这个路也很难，也很长。但是，商标可以做到。所以，专家得出结论，在三大传统知识产权中，商标有可能率先实现突破。

2011 年，世界品牌五百强中我们中国有 21 个，2010 年是 17 个。一百强以内 2010 年一个没有，2011 年有 4 个。当我们那天开新闻发布会的时候，我说了，中国要想达到世界商标强国的水平，至少要 50 个品牌进入世界 500 强，有 10 个品牌进入世界 100 强。这个目标，经过我们努力是可以实现的，或者说在一定的时间，我们可以完成。

但是，要真正能够在发明和科技水平方面变成世界强国，这个路程还是要更长一些。

所以说，这也是我们为什么要大力推进商标战略实施的原因。我们就是要至少在我们这个阶段时期，在商标能够做这么一点小小贡献的时候，我们的政府部门和所有从事商标工作的人都不要留下遗憾，大家努力去做。应该说我们从事的这个工作非常具有意义。将来，一想到我们曾经为了中国的知识产权事业做了一些工作，做了一点小小的贡献。我们会为之而骄傲的。

2008 年 7 月 24 日，在北京国际新闻中心举行的发布会上，付双建向中外记者介绍我国奥林匹克标志及商标专用权保护情况

采访人：我们理解商标的核心价值就是它带来的品牌效应。对一个企业的发展来说，品牌非常重要，也更为直观，人们更容易接受。您觉得在目前形势下，商标运用有哪些新的特点？

付双建：这里有一个商标和品牌的关系。我们老琢磨这个事儿。有时候，我们叫"商标"，不叫"品牌"，我们叫"商标战略"，国家叫"品牌战略"。那到底这商标和品牌是什么关系呢？我曾经请教过一些专家和律师，现在没有统一说法。其实，商标大家都比较熟悉了，是商品生产者或销售者在其生产经营的商品上所使用的一种享有专用权的标记。针对品牌的定义我查了《辞海》，解释是：品牌指企业对其提供的货物或劳务所定的名称、术语、记号、象征、设计，或其组合。主要是供消费者识别之用。品牌的组成可分为两部分：一是品牌名称，是指品牌中可用语言称呼的部分，二是品牌标志，是指品牌中可以被识别但不能用言语称呼的部分，具体细分如符号、设计、色别等。企业如将品牌在政府有关主管部门注册、登记之后，即成为商标。

通过这种定义可以说明一点，品牌和商标有着非常密切的联系。不管是内在，还是外在，都有非常密切的联系，这是毫无疑问的。如果具体要分，那可能就是商标更有点法律的概念。我们有商标法，没有品牌法。品牌更接近于经济的概念。所以应该这样讲，品牌的核心，或者它的表现形式是商标。

现在我们也感觉到，咱们中国的商标虽然很多（我们叫"三个世界第一"，注册商标申请量、注册量、有效注册量都是世界第一）。但是，我们又面临着一种困扰，就是我们的世界知名品牌所占比例很低。500 强中我国只有 21 个，100 强中我国只有 4 个，这和我们 GDP 占世界的比重是不相称的。如果按 GDP 的比重，我们在 500 强当中至少应拥有 50 个，100 强我们至少该有 10 个。实际上，我们进入 100 强的四个为中国工商银行、中国电网、中国移动、中央电视台，也不是商品商标，而别人多是商品商标或者更为大家广知的服务商标。

所以，我们商标有一个注册问题，也有一个运用问题。在宁波召开的全国工商系统商标战略实施工作研讨会上，我强调，要以有效运用、依法保护为着力点，深入推进商品战略实施；在有效运用上下功夫，努力提升商标的经济价值和社会价值；指导企业规范使用商标，高效使用商标，充分发挥政策的激励和导向作用创新工作方式，做好基础服务工作；在依法保护上下工夫，营造公平有序的商标发展环境；在巩固打击侵犯知识产权和制售假冒伪劣商品专项行动成果的基础上，重点做好商标保护长效机制建设工作；建立起企业自主保护、行政依法保护、社会监督保护较为完整的保护体系和保护格局。我们过去在解决积压那段时间，大家都把精力放在注册上，这次会议是个转折。跟我们转变经济发展方式一样，我们商标战略推进中也需要一些转变。商标数量少的时候，我们主要是注册，等有了商标，就要加强运用了。

2011 年 1 月 13 日，付双建（前排左三）率领国务院"双打"专项行动第二督查小组检查无锡工作

所以，我们讲，注册是前提，运用是根本，保护是关键，管理是基础。如果说这个商标不用，那毫无价值，就是个符号。但你用好了，就价值连城。我举一个例子，就是 iPad 商标，iPad 商标的注册首先是深圳唯冠注册的，目前仍是商标合法注册人。为什么说深圳唯冠仍然是 iPad 商标的合法注册人呢？根据我国《商标法》第三十九条规定，注册商标的转让人或受让人应当签订转让协议，并且共同向商标局提出申请。转让商标经过核准后予以公告，受让人于公告之日起享有商标专用权。实际上深圳唯冠与苹果 iPad 商标之争不仅涉及商标法，还有合同法等很多法律问题。但毋庸置疑的是，iPad 商标的价值并不是唯冠创造的，而是苹果创造的。所以，要把商标价值最大化需要企业认真去

做，也是我们政府将来指导或者政策支持的，是需要下气力去做的。

今后，可以利用商标来进行重组、兼并，也可以利用商标去引资、招商，也可以通过商标许可来扩大商标的作用，这就是它的价值。当然，我们也可以利用商标通过质押申请银行贷款，让企业能够更好地发展。我们现在有些地方政府和企业都意识到了，像福建泉州已经开始支持企业在这方面的发展。如果企业到国外注册商标，政府会补贴一部分费用。如果企业去购买国外商标，政府也会支持，而且可能数额还很大，最多可以解决 1000 万元。我们是想通过这个使商标影响力和市场价值更大化。

但是，一个品牌特别是知名品牌的创造不可能在短时间内形成，要经过很长一段时间。这点和专利不一样，专利是越新的越好，但商标是越老越好。国内外的老字号、知名品牌都要经过长时间的打造才能形成。我们还要营造好的环境，让好的商标能够得到保护。我们现在也想通过《商标法》尽快完善法律，尽快解决侵权等方面的问题。要有好的环境，才能发展，保护是对运用的一个很大的支持。

青年同志想要进步，要做到勤动心、勤动口和勤动身。

采访人：国家工商行政管理总局的青年职工所占比例如何？现在的青年有知识、有理想、有追求、有个性，您认为怎样才能更好地培养青年？青年都希望自己在本领域工作中能够有所进步，他们要想取得成绩，需要作出哪些方面的努力？

付双建：截至 2011 年 12 月底，工商总局机关和直属单位有 40

周岁以下青年 856 名，占总局干部职工总数的 46.7%，其中青年公务员 347 名、事业单位青年干部职工 111 名，商标审查和商标评审辅助工作人员 398 人。

工商总局党组和领导一直关心青年工作，2010 年初，专门出台了《国家工商总局党组关于加强和改进总局机关青年工作的意见》，这是工商总局党组深入贯彻落实十七届四中全会精神，贯彻中央关于加强青年干部选拔工作的有关精神，加强和改进新形势下工商总局机关青年工作的一个指导性文件。青年工作方面我们有工商总局机关"青年学习辅导报告会"、"青年在线网络培训班"、"青年骨干培训班"、"青年骨干谈业务系列讲座"、"青年科级干部培训班"和"青年个性化读书活动"等加强青年在职教育培训的重要载体。

我认为青年同志想要进步，主要要做到三个方面：勤动心、勤动口和勤动身。勤动心，一方面是要留心学习、多探究，获取新鲜的知识，先进的理论，优秀的文化以及与自己工作相关的业务知识，研究难点、疑点问题；另一方面是要情系国家、情系人民、热爱工作、热爱生活，充满感情地爱国家，爱人民，充满激情地投身工作和生活。勤动口，一方面是要多向别人请教，它山之石，可以攻玉，三人行必有我师，多向别人学习自己才能进步；另一方面是善于和同事、朋友和其他的人进行沟通，可

与采访人员合影，左起依次为赵勇、
王莹、付双建、付旋

以消除工作当中很多的误解，得到别人支持，形成很好的氛围。勤动身，一方面是要多做多试，认真做好小事、具体事。把小事、具体事做好之后，才能把大事做好。还要敢于尝试，要不怕失败和议论，敢于创新，闯出新的天地。另一方面是要多深入基层、多调研。青年同志需要深入一线、深入群众，并且在深入的同时要带着问题去、带着成果回，这是了解社会、体察民情、经受锻炼的一种很有效的途径。

采访人：付局长，看您这里工作很忙，我们就不再占用您的时间了，非常感谢您能在百忙之中接受我们的采访！

付双建：好，知识产权青年是知识产权事业的未来，希望今后我们两个单位之间青年也能够多交流，增进了解，加深认识，共同推进知识产权事业发展。

◉ 个人简历 ◉

　　郭民生，1955 年 4 月出生，河南洛阳孟津人，博士学位，高级工程师，国务院政府津贴专家，河南省政协委员，现任河南省知识产权局局长。先后主持并完成国家、省级软科学研究计划项目、科技攻关计划项目、863 计划项目 18 项，主编《技术资产评估》《无形资产评估案例选编与述评》等专著四部，译有《未来知识产权制度的愿景》一书，在国内外公开发行的杂志、报纸上发表论文 50 余篇，获河南省科技进步二等奖 9 项。

共建全国知识产权强局系统
开创知识产权经济发展之路

被访人：郭民生

采访人：赵　勇　陈春晖　季　节

采访日期：2011 年 6 月 21 日

采访地点：局国家知识产权局 1 号楼 12 层会议室

编者语：因时间匆忙，与郭局长的交流时间是临时决定的，事前并没有沟通。但采访过程非常流畅，即使面对知识产权制度和知识产权经济这种大命题也没有丝毫停顿，他对知识产权经济和地方知识产权工作深刻的见解和理性的分析令人印象深刻。交流过程中可以看出，郭局长兼具领导的坚毅果敢和学者的儒雅睿智，对知识产权工作殚精竭虑，深入的思考一刻也不曾停歇。

采访人：郭局长，您好！很高兴您能接受我们的采访，能否先请您谈一谈对《知识产权青年》的印象？

郭民生：《知识产权青年》给我的第一印象就是非常年轻、充满生机。《知识产权青年》这个名字起得非常好，知识产权本身就是一个非常朝阳的事业，然后又面向这么多年轻人，它更应该是活力四射，我看了以后感觉非常振奋。

也许是一种缘分，那时候做科技工作的时候就是瞄着知识产权。

郭民生局长接受《知识产权青年》采访

采访人：您的看法跟我们当年创刊的思路不谋而合，一下就看穿了我们刊物的定位和受众，局里大部分都是青年人，平均年龄在 31 岁左右，所以《知识产权青年》也是一个凝聚青年、引领青年、服务青年的窗口。您一直工作在知识产权管理工作的第一线，经验丰富，能否请您结合工作的经历谈一谈对知识产权制度的认识？

郭民生：我从事知识产权工作到现在大概有整整十年的时间。2001 年之前我在科技系统工作，经历过很多岗位，其中包括企业、研究机关、生产力促进中心、科委和高新技术处等，但是人的际遇就是有点怪，也许是一种缘分，那时候做科技工作的时候就瞄着知识产权。20 世纪 80 年代左右，我们国内开始搞专利评估、技术评估和无形资产评估，我是最早参与的一批。从那时起我开始从科技的角度来看专利、来看知识产权，可以说我对知识产权制度的认识是从参加科技管理工作就开始了。

第一，我感觉知识产权制度是我国经济社会发展到一定时期的必然选择。我国的知识产权制度是在改革开放之初，在经济和技术水平发展比较落后的背景下，随着计划经济向市场经济过渡，随着经济全球化的不断深入而建立起来的。知识产权制度从最初建立知识产权的法律法规，到现在和国际接轨，在极其短暂的时间内建立了较为完备的、高水平的知识产权法律体系，走过了发达国家通常需要几十年甚至上百年才能完成的立法路程，可以说是伴随着我们国家的改革开放，走过了非常不平坦的历程。随着我国改革开放的不断深入，各项工作的重心转移到社会主义现代化建设上来，科技开始被视为第一生产力，如何激励人们投身于知识的创造，成为制度上必须要解决的问题。这时，知识产权制度就应运而生，这也是我国经济社会发展到一定时期的必然产物。

第二，我国知识产权制度的建立跟西方完全不同。西方知识产权制度是建立在市场机制非常完善的基础上，而中国的情况恰恰跟他们截然相反，我们是在计划经济体制上建立的现代知识产权制度。那么这就面临一系列的冲突，传统的体制、机制、思维、模式和管理的制度不会甘心退出历史舞台，而现代的知识产权制度要在传统的计划经济体制里能够生根、能够站得住脚也非常不容易。

第三，知识产权制度必然是处于一种不断动态变化的进程之中，需要我们青年为之奋斗。正因为面临着如此多的碰撞和冲突，知识产权在未来发展的过程中也有很多的问题需要我们去理性地思考，只有这样我们才能在大的历史潮流中，在这个制度不断发展完善的进程中，有我们自己的地位，发挥我们自己的聪明才智。

知识产权绝对会成为经济发展的一种促进力，它甚至是一种工具、一种资源。

采访人：您一直倡导知识产权要为经济发展服务，能否请您具体谈一谈？

郭民生：我国知识产权系统到省级以下基本上都是弱势部门，人才和资源非常缺乏，各种政策体系就更不用说了。这时问题就来了，我们该怎么办？该如何开展我们的工作？我想这时我们就要从我国的实际出发，思考我国现在的国情是什么，摆在我国各级党政领导面前的第一要务是什么，肯定是发展，发展是第一要务。无论干什么工作，都必须考虑这个问题，即能不能为国家的发展、区域的经济发展作出贡献。只有这样，你的工作才能在党委政府注目中占有一席之地；无论你是什么部门、什么行业，如果跟经济发展没有关系，什么事你都别谈，所以，这就逼着我们去研究我们的知识产权制度与国家发展、与经济发展的关系，找到知识产权工作跟它们的结合点。这个结合点究竟在哪里？只要深入实际，你就会发现知识产权工作和经济发展密切相关，知识产权绝对会成为经济发展的一种促进力，它甚至是一种工具，一种资源。过去我们都讲知识经济，为什么我不谈知识经济，而要谈知识产权经济，关键就在于这个"权"字，因为在网络化、全球化的进程中，知识可以成为一种免费的资源，一旦知识公开，成了免费的资源，那么它在全社会中的稀缺性就没了，它后续的一系列支配知识的权利和一系列的规则就都没了，所以在这个全球化、网络化的时代，知识经济的观点不成立，知识产权才能成为我们经济发展最重要的资源。

既然它与经济发展密切相联，那问题又来了，我们的知识产权又是通过怎样的机制去影响经济发展、去影响市场主体的呢？什么样的情况会影响到市场资源的配置，我们就要开始研究这些问题。如果说对这个问题我们能够有所研究，有所突破，那我们就会在经济社会的发展中找到一席之地，就会通过自己的作为赢得全社会的尊重。

2006 年"中国保护知识产权成果展"上，原全国人大常委会副委员长、中国科学院院长路甬祥（右一）在郭民生局长（右二）的陪同下观赏河南禹州钧瓷展品。

大概是在 2002 年，河南省委、省政府当时在制定《全面建设小康社会的规划纲要》，省委政研室就跟我们讲知识产权工作在《全面建设小康社会的规划纲要》里"一定要讲上两句话"。这两句话，一定要和我们的经济发展密切相关，要跟《全面建设小康社会的规划纲要》密切相关。所以当时我们就凝练了两句话，第一句是保护知识产权，第二句就是发展知识产权经济。提出这个命题之后，我们就一直围绕这个命题，考虑该怎么做。我们开展了一系列的研究，结合工作实际，进行总结、发掘，找结合点，通过这几年这个实践，逐步地找到了知识产权与经济发展的结合点。

没有审查员尽快的、高质量的授权，企业就不可能在市场竞争中取得制胜的权利。

采访人：局内的青年从事审查工作比较多，普遍感觉工作跟经济离得比较远，在局里的这种工作环境、在日常的审查过程中，怎样体现出与经济接轨，能够更好地促进经济发展？您能不能给些建议？

郭民生：我国的改革开放是一个摸着石头过河的过程，知识产权制度的建立和发展同样如此，怎样促进经济发展，还需要我们共同探索。不过最近审业部牵头组织了"专利巡回审查"，这种模式很好，2011年5月份在河南举行了一次，我感觉这种审查员在现场跟企业进行直接沟通和交流的方式解决了很多问题。首先对于企业而言，通知书的交流比较固化，难以全面地表达意思，而这种面对面的交流就能取得很好的效果，普及了专利申请的知识，宣传了知识产权制度，提高了申请人、代理人专利申请文件的撰写和答复能力，有助于提升专利申请的质量；对于咱们审查员来说，在跟企业交流的过程中，对申请有了更深入的理解，拓宽了审查员对创新主体实际需求的了解，更加能够切身地体会到企业对专利的迫切需求。

过去我们的企业不重视专利，更重视自己的厂房和设备这些有形的资产。现在，企业在发展的过程中或者尝到了知识产权的"甜头"，或者吃到了"苦头"，开始认识到这个问题的重要性，意识到他要把盘子做大，除了有形资产以外，还必须要有无形资产，所以这时企业对专利的需求就非常迫切，要尽快地获得授权，通过专利授权赢得先机，为发展赢得机遇。所以说，我们的每一件发明创造，在审查的这个阶段非常重要，这个无形财富的授权，靠谁呀，就靠我们的审查员，他作出的每个授权，象征着我们中国政府给我们的公民、法人一种权利，这种权利是什么呢，在资源充足的过程中，它有可能是一种资本，因为一个专利的授权使用可能是几百万元、几千万元、多少亿元的费用；在竞争的过程中，它就有可能是企业的杀手锏，企业就可以用它的专利壁垒，在市场上参与竞争；通过这几个方面来看，我们的审查工作是和经济紧密相关的，没有审查员尽快的、高质量的授权，企业就不可能在市场竞争中很好地配置自己的资源，赢得市场竞争的主动地位，取得制胜的权利。

强局，强的应该是全国知识产权局系统，强局的标准应该是随着国内外形式的变化而不断变化的。

采访人：随着经济的发展，社会的各种需求也在不断增长，您觉得从国家知识产权局到全国的各个知识产权局系统，对知识产权的社会服务是否要进行拓展？如果要拓展的话，机制上如何创新，应该向哪方面走？

郭民生：关于知识产权工作为社会服务，这几年田局长一直在讲，知识产权要服务于创新型国家建设，要服务于经济发展方式的转变，要服务于科学发展，我感觉我们田局长讲得非常好，我们知识产权全系统也都在思考这个问题，研究这个问题。

我认为现在摆在知识产权面前的问题，不是我们的体制、机制有多么健全、多么完善、多么强壮，而恰恰是在这种巨大的社会需求面前，我们太虚弱，我们的差距也太大，我们的各种应对的方式，包括我们的素质、我们的体系、我们的能力，都远远不能适应社会的需求。知识产权工作要真正实现田局长提出来的三个"服务于"，我个人认为差距在于三点。

第一，是政策上的差距。

我国现阶段的市场经济是政府主导下的市场经济，资源配置的方式与西方还有所不同，它不是完全由市场决定，而是由政府起支配作用，我们的创新主体不完全是靠市场的机制、市场的推动去参与市场竞争，它有一个无形的导向，这个导向是什么呢？就是政策，国家的政策。

政府起支配的作用，资源在哪？我们一说资源，很多人首先想到的是资本，其实我感觉不完全是这样，我认为资源首先是政策。

为什么说政策资源重要呢？前几年，科技部出台一个政策，我国的企业要认定成国家的高新技术企业，必须有专利，这一个政策非常有效，我们所有的企业都来了，搞专利的，搞备案的，搞许可的，高新技术企业认证这一个政策就带来了专利申请量的巨大攀升。你看，一个好的政策就可以使我们这项事业有一个大的跨越。

在政策层面，市场主体对我们国家、对国家法律和政策体制、对社会各界、对中介服务有什么需求，这个需求是谁在研究，谁来了解市场的需求，我们国内没有大牌的经济学家、大牌的经济学者来研究这些问题，如果我们现在有大牌经济学家，社科院、中科院、工程院的大牌专家对这个问题感兴趣，我们知识产权的发展就会有很好的前瞻性，能够更好地为经济发展服务，为市场主体服务。所以说在研究这个环节，我们缺乏基本的对等，缺乏吸引这些大牌专家进入这个领域进行研究的能力和投入，所以政策缺失、顶层设计缺失是我们现在知识产权工作、我们推动国家知识产权战略实施的一个非常薄弱的环节。

第二，是资金投入不够。

我们整个知识产权体系的资金投入是非常有限的。我原来在科技部门工作，科技部门在我们地方的行业里边，就不是一个最好的部门，而我们知识产权的投入只是科技系统投入的百分之一。在资金投入方面，江苏最好，它在知识产权部门的投入上亿，但是它占科技部门的比例也是百分之一，跟我们河南的比例差不多。尽管国家这几年想方设法通过各种渠道给地方知识产权系统一些补贴，像什么宣传、培训、试点示范，但是这些对于我们整个的知识产权事业发展而言也不过是杯水车薪。

这问题就来了，我们整个系统，负责授权、保护、发展知识产权产业和知识产权经济，可是我们这个系统投入和资源远远不足，资源配置的这个问题没有解决，也制约了我们的发展以及为社会服务的能力。

第三，工作体系头重脚轻。

我们的工作体系跟我国的其他系统不太一样。像工商和质检等部门，越到下边体系越大，而我们呢？越到下边越找不到了，到一个县，找一个管知识产权工作的人也找不到。我们各个地方都在发展县乡经济，都在招商引资，但是在发展县乡经济的过程中，没有人了解知识产权，没有人管理知识产权，也没有人去宣传知识产权，没有人去执行我们的知识产权有关的法律，所以说这个工作体系不健全。

我们现在提出要建设强局，但是如果没有地方工作的大发展，哪有我们国家的强局？地方工作的大发展才是我们强局建设的源头活水。

所以说，现在我们从政策顶层设计到资源投入，再到我们的工作体系，都不能适应当前社会对知识产权工作的需求，对知识产权战略的需求，对服务于创新型国家，服务于我们经济发展方面的需求。

2009 年 5 月 5 日，郭民生局长走进河南省
政府门户网站畅谈知识产权战略

采访人：现在我局有两大历史任务，实施国家知识产权战略这个历史任务比较明确，因为有《国家知识产权战略纲要》，每年又有推进计划，从中央到地方都有明确任务。但是"强局建设"始终没有一个明确的标准，包括实施的步骤和方法，就刚才您所说的强局建设，能否谈一谈您心中的标准，并且您觉得强局建设的突破口在哪里？

郭民生：谈到强局的标准，首先应该明确强局是强哪个局，我认为强局中的"局"不单单指国家知识产权局或者专利局，应该强的是全国知识产权局系统，从中央到地方省区市，全国一盘棋才能做好知识产权这个工作。而强局的标准应该是随着国内外形势的变化而不断变化的，关于强局建设，田局长提出来的三个"服务于"。我们的强局能不能有效地厉行三个"服务于"的职责也应该是我们的一个标准。强局建设要服务于国家颁布的《国家知识产权战略纲要》，我们要真正能够担当起这个重任。这就对我们的顶层政策设计、行政能力、政策法规水平以及人力资源状况提出了要求。我们进行专利审查的这支队伍非常好，很强大，但是仅仅靠这支队伍还不行，还要有其他的队伍，比如说代理人队伍以及市场主体的情况。

关于突破口在哪？从实践工作的过程中我感觉到，我们现在要回到原点，原点就是我们拿到知识产权这个权利是为什么，国家为什么要花费这么大的资源，招聘如此多的审查员，配备这么完备的体系和制度来授予公民或法人这个权利？我们每一个人可能因为工作的性质的不同而拥有不同的视角，对这个问题的看法和认知不一样。我感觉我们国家花费这么大的资源，授予公民或法人这个特殊的垄断权利，最重要的是要为当前我们国家的发展服务。

我还是喜欢从经济学的角度看问题，我们现在整个社会要解决的首要问题就是发展。在知识产权系统投入了资源，产出是什么？产出当然包括我们国家要取得国际竞争的优势，要赋予我们的公民、法人一种尊严。当然这些还远远不够，我觉得最重要的是，让我们公民和法人通过知识产权这一套制度和机制，真正地得到实惠；他在为社会创造物质财富的同时，也为自己赢得了经济利益，赢得了功名，赢得了社会的尊重。

只有到这个时候，我们的公民和法人，甚至我们国家的政策决定者才拥有创新的巨大动力，才会更为深切地认识到知识产权制度太重要了，这时我们就会形成一个良性的循环。如果我们的知识产权体制，我们推动的各项工作做不到这些，按照有些学者的观点，就仅仅是给公民和法人一种权利，让你获得这种权利，而无法促使它更深层次地为社会和权利人的发展服务，我们的强局建设难以很好地完成。制度的设立还是要考虑原因和结果，不能为了法律而法律，为了制度而制度。

人才的问题是决定我们能不能建设强局，能不能更好地服务于国家经济发展大局的一个基础性的工作。

采访人：听到您谈到我们的专利制度要更好地为经济发展以及权利人的发展服务感触很深，审查员平时每天都要花费很大的精力进行专利的审查，但是长时间下来会发现这些专利转化的程度并不高，很多都成了"休眠专利"，河南省知识产权局有没有一些机制或者帮扶政策来促进专利转化为生产力，真正为国家的经济社会发展服务？

郭民生：全国现在的申请量和授权量数目惊人，专利技术转化难一直是困扰发明人和专利管理机构的难题，为了寻求专利与市场的"对接"，技术与资本的"联姻"，不同的地方都在探索，包括我们河南。在探索过程中，2004年我们成立了全国第一家的专利孵化转移中心，它就位于郑州的高新技术产业开发区，由郑州高新区创业中心、河南创业投资股份有限公司、河南省技术产权交易所三家单位共同出资组建。它的创新性在于：首先是对于高新技术产业开发区，国家有很多优惠政策，比如税收优惠，这些都符合高新技术产业的发展，并且高新区还拥有功能齐全的孵化基地，具有一支优秀的孵化管理团队；第二个就是把我们河南的风险投资机构拉进来，它拥有强大的资金资源，进入专利孵化转移中心以后，更容易发现好的项目进行投资，并且可以在前期以少量的投入，在后续拥有更高的收益和回报；第三个就是技术产权交易所，它拥有专业的技术产权交易平台、专利资源、协作网络。当时我们就把这三方融合起来，再加上我们做后台支撑，为发明人提供工商注册、政策法规咨询、高新技术企业认定、"双软"认证、科技计划申报、技术创新资金申请、企业诊断、培训、技术产权交易、投融资等各种服务。仅 1 年时间，专利孵化中心就先后吸引了 28 家拥有专利技术的科技型企业入驻，4.8 万平方米的场地租用率达 90% 多。为了满足企业随着大发展所提出的新的需求，中心还提供了项目专利文献检索、后续专利申请、专利许可转化合同把关、专利侵权诉讼等法律服务；在帮助企业进行专利转化方面，我们中心这个平台建成后，全国很多地方都到我们这里来取经。大家如果感兴趣也可以去看一看，去了解一下。

采访人：郭局长，我知道您对人才培养工作非常重视，请问您对于人才培养，特别是高层次人才培养，能不能给我们提些宝贵的建议。

郭民生：人才的问题是决定我们能不能建设强局，能不能更好地服务于国家经济发展大局的一个基础性的工作。我们在做实际工作的过程中，首先感觉到人才匮乏。尤其是在基层，在国家局可能跟我们的感觉完全不一样。

关于人才的培养，我感觉知识产权人才就在我们身边。首先要把自己跟前的人培养成人才，我们自己系统内的人才都不进行培养，他怎么能够不断满足工作的需要呢？我们与其放眼外部，不如放眼我们自己，把我们自己的人才培养起来，给他们提供锻

2011 年 3 月，郭民生局长（主席台左二）出席河南省第一批知识产权高层次人才评选会议

炼、学习的机会，提供成长和发展的平台，让队伍中的每一个人都发挥他的作用，真正成为人才，进而提高我们整个队伍的工作能力。

关于高层次人才的培养，我觉得这绝对不是一个部门之力就能够把这个人才问题解决掉的。要依托全国各单位各部门的支持和配合，包括引起各级党委的重视，比如说中央颁布了《人才发展规划纲要》，这里面就把我们知识产权人列为一项专门的人才，这在过去是没有的，有了中央这个《人才发展规划纲要》，那我们工作的力度就截然不同。这时我们就要借助组织、人事、教育方方面面的力量来共同促进整个国家对知识产权人才的培养。

采访人：感谢郭局长对于知识产权经济的解读，对审查工作的高度评价，这对青年审查员是一个很好的激励。最后，能否请您给全局的青年人寄语？

郭民生：知识产权青年大有作为！在我们国家局和我们知识产权局系统，青年的比例都在不断扩大，已经成为知识产权事业发展的中坚力量，我们《知识产权青年》这本杂志也已经在这个系统里面占领了阵地，开启了一个窗口，希望大家都认识到我们知识产权事业的光荣、伟大和广阔的前景，广阔天地，大有所为！

◉ 个人简历 ◉

　　张平，北京大学法学院教授，法学博士，博士生导师。1991 年北京大学法律系毕业后留任北京大学法律系至今。1998 年春季在美国华盛顿大学法学院做访问学者，2000 年冬季在日本东京知识产权研究所做客座研究员。现任北大知识产权学院常务副院长、北大科技法中心主任、北大法学院互联网法律中心主任。兼任中国高校知识产权研究会秘书长、中国律师协会网络与高新技术委员会专家委员，中国共创软件联盟常务理事，中国专利保护协会、中国版权保护协会、中国商标保护协会专家成员，北京仲裁委员会仲裁员等社会职务。

对知识产权认识的理性回归

被访人：张　平
采访人：邵源渊　赵　勇　李　曦
采访日期：2011 年 3 月 30 日下午
采访地点：北京大学法学院科研楼 215 房间

编者语：由于北大法学院科研楼在北大校外，司机师傅在路口转错了方向，因此我们比约定的采访时间稍稍晚了一些，张教授说她也是刚刚回来，近些天有关百度文库的采访特别多，我们在交谈过程中，张教授还陆续接了几个电话都是要约访的，作为知识产权领域的专家学者，她承担了更多的社会使命。

> **在我上岗的第一天，就认准了这将是我终生的职业，因为我找到了工作的喜悦和神秘感。**

采访人：您从 1986 年起就开始从事知识产权工作，当时如何做出这样的选择？

张　平：我从 1986 年开始接触专利工作，当时在企业做专利代理，到今天已经 25 个年头了。

我从事知识产权工作源于 1985 年《专利法》实施之后，企业专利管理和专利代理工作的展开，当时我国财政部、人事部等部委联合发文，要求在企业中设立"专利工作者"岗位，我就是第一批被安排在这个位置的。可以说，在我上岗的第一天，就认准了这将是我终生的职业，因为我找到了工作的喜悦和神秘感。

我曾是一个特别虔诚的知识产权崇拜者，开始接触知识产权特别是看专利法教科书时，觉得专利神圣无比，众多伟大的发明创造构筑了人类的文明，而我的工作就是去挖掘这些发明，为发明人服务。

随着工作时间的推移，越发觉得知识的不足，便开始寻找知识产权领域的进修和继续学习的机会，刚好 1989 年北大开始招收第一批知识产权法方向的硕士研究生，我有幸成为其中的一员，从此，又走进了更为广阔的知识产权领域。

经历过相当一段时间的历练，我对知识产权制度从仰慕到开始平视，不再盲目地陶醉在自己设立的理想王国之中，开始理性思考，有了新的感悟，但实际上这个制度的第一要义是鼓励垄断，不是鼓励创新，这个观点可能很多人不这么认为。其实从专利权的产生来看，它是国王给的一种特权，一个垄断和独占的权利，并不是一种自然权利，也不是普通的财产权，所以从一开始它就是垄断和独占。20 多年来，我最后形成的观点就是知识产权制度是市场竞争下面的丛林法则，是非常残酷的，最后体现的是利益的竞争。所以说 20 多年以来，我对知识产权的认识是一个从神坛回归到理性的过程。

采访人：您所说的回归理性是从什么时候开始的？

张 平：我的硕士毕业论文主题是：从化学物质等专利排除客体

讨论专利制度的产业政策论。我开始思考知识产权制度中各种灵活政策的理论基础。2005 年、2006 年的时候，我主编的《网络法律评论》翻译了日本的知识产权基本法和国家知识产权战略纲要，以及美国专利局的 21 世纪战略纲要，开始认识到不仅有企业知识产权战略，还有国家知识产权战略。当时还准备在知识产权出版社出一本书，书名和出版计划都已经发出预告了。后来由于 2006 年我们国家开始启动国家知识产权战略研究计划，就没有履行出版社的约定。

但是在我承担的国家知识产权战略研究子课题三"科技创新中的知识产权问题研究"中，真正开始思考知识产权制度与创新的关系、与经济发展的关系、与市场竞争的关系，也开始研究国外一系列经济学家对知识产权制度的评价报告。也可以说，从那时开始，我才有了纵观知识产权制度整体面貌的一个高度，而不仅仅是从法律制度本身来论证其社会作用。

知识产权制度诞生于市场经济，发展于市场经济，服务于市场经济。知识产权制度以市场经济为服务对象，其本质作用是鼓励垄断，通过获得垄断权激励市场主体进行创新。远离市场的创新与竞争活动，知识产权制度无法发挥作用；市场经济不完善的领域，知识产权制度的作用有限；中国目前的市场经济还相当不完善，还属于发展中国家，知识产权的创造和应用能力都很薄弱。在引入一个更加有力的知识产权保护体系之后，短期内可能看不到知识产权对国家经济发展的直接贡献，这是因为强有力的保护体系所带来的收益可能需要较长时间才能体现出来。成本和收益在这一方面的矛盾更难动员未来的受益者进入到当下的投入之中，特别是对于国有企业来说，在管理模式和企业经营模式上，在资本运营方式上，都没有实现从以传统资本运营为核心向以知识产权为核心的资本运营的转型。在市场营销环节，对一些操作性极强的、因市场区分策略产生的专利许可、专利联营引起的知识产权竞争问题明显应对不足。

采访人：为什么我们现在更多地强调知识产权制度的理想状态呢？

张　平：现在人们对知识产权制度的认识更多看到的是鼓励创新的一面，很少强调它在垄断中带来的限制创新和竞争的一面，尤其是我们国家，在专利制度制定之初，对于国家要不要设立这种制度还有正反两方面的声音，但当专利制度实施之后，我们对它的认识可能就只有一面了，至少在专利制度实施的前 10 年，基本听不到什么负面的声音，而在制度设计上，我国也缺少防止权利滥用和过度垄断的法律法规制度。知识产权制度是一柄双刃剑，是中国"入世"后企业在海外市场遭遇到巨大挫败后才被社会所重视的，但事实上在制度设立之初就应该有预见，就应该有完善的法律制度。

我们不能总是在学习，而且也不能总是付高昂的学费来学习、用经验和教训来学习。

采访人：我国的知识产权制度确实还有很多不太完善的地方。

张　平：知识产权是一种垄断权，对其应当有两类法律制度，一是促进、保护知识产权的专门法律；一是防止权利滥用和限制创新与竞争的反垄断法律制度。就像两个车轮一起前行，才能保证平稳一样，有了这两个制度，知识产权对国家经济发展和科技文化创新的推动才能在健康的轨道之上。发达国家在建立知识产权制度之初就有比较完善的反垄断制度。但中国在知识产权制度设立的时候缺失反垄断制度，到 2008 年才颁布《反垄断法》，而目前这部法律的知识产权反垄断的下位法还没有完善，在中国市场上的知识产权滥用，包括垄断过度的种种行为，依然没有得到有效的规制，这导致我国的知识产权保护是畸形的。

这些不完善之处极有可能导致我们再耽误 10 年或者 20 年的发展时间。前 20 年我们是学习的阶段，但我们不能总是在学习，而且也不能总是付高昂的学费来学习、用经验和教训来学习。

采访人：现在法律服务意识也比较薄弱。

张　平：现在的知识产权律师、专利代理人很多都是提供一种被动的法律服务，但是知识产权的发展要求我们不应该再停留在这个阶段。在国际上，很多事情都不是事后解决的，都是提前部署。比如说专利申请、专利代理，国外的大公司进入中国市场之前 10 年就开始部署。比如说花旗银行，它在中国申请专利的时候，我们的金融市场是封闭的，它肯定进不到中国市场，那些潜水艇般的专利大概是2009 年开始浮出水面的。这些知识产权埋伏了十来年的时间，现在才开始体现价值，可是在 10 年前，要部署这些专利，确定申请什么领域，如何去撰写，那是有远见和策略的。因此，法律服务人员要更多地从市场竞争考虑，更多地为企业提出有远见的咨询建议，要从企业的经营模式和发展方式帮助企业做好专利部署。

采访人：国外公司对于知识产权的布局做得确实挺好。

张　平：我们来看微软。微软以前一直是以版权作为主要保护方式的，它的兴起也是依靠版权保护。商业软件中，它是最大、最成功的企业。微软以前从来不去理会专利的事情，当大家都在讨论软件专利的时候，它也非常不屑，并认为软件就根本不应该有专利，虽然它嘴上这样说，实际在 1990 年的时候，它就开始在美国以及其他国家申请软件专利，即使在那个时候它依然还是强调软件不应该有专利。

大家都知道版权的独占性和专利的独占性是不一样的，专利如果写得好，可以是一个保护范围非常大的基础性专利，可以把软件的框架、逻辑和组织全都保护进去，但是版权只保护一个表达、一个代码。当时，微软都是通过版权保护，如果有人要去主张一种基础性专利，对他的杀伤力会很大，所以当它意识到这个问题时，就开始部署，在这十多年的时间里，对于专利申请以及授权，它都没有过多地进行宣传。而近几年，开始跟谷歌、苹果，跟很多公司打专利战。所以，当一个企业想要用知识产权战略的时候，都应该有一个超前的部署，这种超前的部署不止是提前一两年，甚至提前三五年、十年的时间，这就要求一个企业家必须有这样的远见和规划。

2009 年，张平在高新技术企业自主创新与
知识产权会议上演讲

采访人：现在我局也做一些专利预警分析。

张　平：做预警分析和战略部署是对的，所谓的知己知彼，百战不殆。但是在专利分析上，大概不会太容易做到完全知彼，因为竞争对手是不会将自己全部暴露在你的视线之中的，就像战场上敌我对峙，总是有很多掩体的，所以预警可以做到尽可能了解对方，然后制定自己的战略计划，但是不可能预警到没有战争。此外，目前的检索还仅仅停留在初级分析阶段，还没到一个战略谋划阶段。比如说我国的高铁，早些年我们引进了别人的技术，在这个基础之上进行了创新，又申请了新的专利，有了自主创新的成果，而且在中国运行得也很好，我们就觉得很有把握了。然后就想到要走出国门，到国际上去开拓，但这个时候才发现，你要去的这些国家早已有人部署了阻止你进入的专利壁垒。专利预警我们讲了好多年了，以前也一直呼吁重大经济活动要有知识产权的审查和咨询，但在高铁项目上，还是有一点被动。

审查员应该开拓视野，在工作中要考虑科技和产业发展背景。

采访人：我局很多青年人主要从事专利审查工作，都是从高校理工科毕业，法律服务或法律思维这方面的意识还不够。

张　平：我们不能期望审查员承载太多的社会责任，因为审查员有他自己的工作规则。但是审查员应该开拓视野，知识产权制度是为产业发展服务的，审查员在工作中一定要考虑科技和产业发展背景。希望审查员能够有更多的培训，包括法律的培训、国家政策的培训，以及对各个产业发展现状的调研。现在的审查员太年轻了，一是从学校出来没有经过实践，对技术发展的认识还停留在书本阶段；二是他们对整个社会的认识还有一个过程，对于国家发展战略、对于知识产权保护中的公平和正义以及效率都还没有成熟的认识，这都是要经过一段工作以后，才能够有所体会。所以现在年轻人如果没有太多的对社会的接触，把自己局限在审查员的范围内，极有可能在这个关键的岗位上，给产业的发展带来一些被动的结果。

采访人：确实，知识产权涉及的领域比较广。

张　平：知识产权是一个应用法学科，或者是应用的交叉学科，不仅涉及法学、经济、管理、科技，甚至包括社会学，还牵扯到公共利益和社会发展。对于人才培养、学术研究也应该面对实践，面对社会的需求。这一点发达国家做得非常好，比如英美是判例法国家，在课上基本以案例分析为主，每个理论知识都对应着活生生的案例，规则、原则都是从案例当中总结出来的，教授和学者也都是在解决实际问题。知识产权制度最终是要解决中国知识产权应用，体现在实施的有效性上，所以，教学和研究要立足于国内需求，以国际的研究视角去解决国内问题。

采访人：不知道您注意到没有，这几天的新闻联播连续报道了我国发明专利授权量的排行，您有什么看法？

张　平：我国在专利授权量上一直在进步，申请量不断在上升，申请的结构也在不断地变化，从前些年国外占主导，现在这个比例已经改变，同时申请专利的主体也在改变，由原来以高校和研究机构为主，现在变成了以企业为主，这些都是正常的发展方向，新闻联播的这个报道，足以说明我国开始意识到知识产权与科技、经济一样，是提升整个国家竞争力的一个基础。未来，不论是哪个领域的竞争，都要体现知识产权。在版权领域，文化产品都是以版权形式来进行销售的，没有版权的文化产品，就没有高附加值。制造类的产品，要求品牌效应，贴牌是拿不到高附加值的。在很多基础设施方面，如果没有一个强有力的专利技术支撑，也是要受制于人。像互联网、物联网、云计算、通信、食品、农业等，所有的基础领域最后都体现知识产权的竞争。所以，我们任重道远。

采访人：您的经历给我们很大的启发，您能不能给从事知识产权工作的年轻人一些建议？

张　平：对于在职工作的人提升自己的业务水平有两个渠道，一个是继续教育，可以在职读一些大学的课程，很多课堂是对外开放的，可以选一些课程去听，还可以到学校里听一些讲座，这样可以开拓视野。我的课堂里就有专利局和复审委的审查员，他们有一些是局里派来的，有一些是自愿来听的。另一方面就是在工作中学习，因为不论做什么工作，如果希望能够深入下去，就不要被一些表面的、浮躁的或者一些行政指导、引导的东西所束缚。

采访人：您的课堂也是对外开放的？

张　平：北大老师的课堂一般是可以随便听的，有时出于礼貌，你可以跟老师打个招呼。其实也不用每堂课都听的，有些讲座都有预告，可以选择来听。

采访人：好像北大科技法研究中心定期都有讲座？

张　平：对，科技法研究中心有一个"科技创新与知识产权"学术沙龙，以法学院的博士为依托，讨论是开放的，还有电子杂志，很有价值。

采访人：我们局复审委的同事业余搞了一个网站，也算是一个知识产权交流的平台。

张　平：我知道，MySipo，是别人给我推荐的，我觉得这些年轻人对知识产权事业的热爱和执着精神值得敬佩，他们利用业余时间，不图利益，我被他们所感动。推荐他们申请法学院互联网法律中心的项目资助，如果最后成功了，也算作学术界对年轻人的一点鼓励吧。

◉ 个人简历 ◉

王玉庆，中国石油化工集团公司科技开发部副主任，中国合成橡胶工业协会理事长，中国知识产权研究会副理事长，教授级高级工程师。1982 年 1 月毕业于天津大学化学工程系工业催化专业；1991 年 7 月至今在中国石油化工集团公司工作，曾任中国石化科技开发部化工处副处长、处长，2005 年起任中国石化科技开发部副主任。王玉庆教授长期从事石油化工科技开发的组织和管理工作，先后参与了中国石化乙烯、合成树脂、合成橡胶和有机化工等多项石化领域科研攻关任务，获得中国石化集团公司科技进步二等奖和三等奖各一项，已在国内刊物发表科技论文 20 余篇。

尊重知识产权 参与国际竞争 争创世界一流

被访人：王玉庆

采访人：陈 沛 李 伟 谭李丽

采访日期：2011 年 11 月 30 日

采访地点：中国石油化工股份有限公司

编者语：王主任的办公室位于中国石化总部大楼的 17 层，从开阔明净的玻璃窗望出去，北京城川流不息的繁华略显渺小。采访过程中，我们深深体会到，中国石化作为大型央企，面临的是更多国际化的竞争和挑战，其需要且也已经开始将战略和视野从眼下的繁华投向更广更深的空间，而知识产权在此过程中，正在使这扇窗更加宽广、明亮，为中国石化的发展提供着更加强劲的动力。

企业知识产权工作，最难的是领导重视和社会重视。

采访人：王主任，您好！感谢您接受我的采访。贵公司从什么时候开始重视知识产权这项工作的？其动力来自什么？

　　王玉庆：可以说我们中国石化是从咱们国家专利制度刚开始实行时就开始重视专利了。1985年4月1日，《专利法》实施的第一天，我们的好多企业、研究院都到专利局去连夜排队。我记得当时的报道，有的连续排了3个晚上。因此，我们的许多专利，申请日都是1985年4月1日，这是具有历史意义的。因为那是一个很重要的时期，一个从计划经济开始向市场经济过渡的时期。

　　当时我们的科技人员看到了一个发展趋势，就是中国要重视法制，重视知识产权的保护。未来市场肯定是一个竞争的市场，没有专利的保护，技术创新、科技进步便没有保障。之后，我们很快成立了专利工作的机构，最早除去成立专利管理机构外，还包括专利事务所。我们现在从事知识产权工作的一些人，其从业时间跟中国《专利法》的年龄是一样的。

　　企业对知识产权工作的重视程度是逐渐提高的。这也跟市场竞争越来越激烈，越来越全面化，企业对专利的认识越来越深入有关。

　　重视知识产权工作，是大型企业广泛参与市场竞争、企业发展、企业生存的自我需求，这是最根本的动力。

　　按照2010年主营业务的收入，中国石化在世界500强里排在第5位，这样的一个排名，实际上也意味着我们参与的竞争是国际化的竞争，我们的竞争对手是国际大公司。而参与国际竞争，很重要的就是技术，按照国际的游戏规则，技术竞争归根到底是知识产权的竞争。

　　采访人：作为中央大型国有企业，中国石化是如何建立自己的知识产权管理体系和组织结构的？与其他企业特别是中小企业有什么不同？

　　王玉庆：前面说过，在《专利法》刚实施的时候，中国石化就成立了相应的知识产权管理机构，分派了领导专门分工来做。从制订制度，到增加人员，逐步完善，逐步强化，形成了目前的知识产权管理体系。

我觉得作为大企业，搞的技术应该说是代表国家层面的技术，这跟中小企业可能是有所不同的。比如在石油炼制方面，我们的水平就代表着国家的水平。从产业链上说，小企业可能只占据着产业链的一段，那它需要的知识产权也是局部的，我们则是全产业链的，因而对知识产权的要求，也就更高一些。

在组织机构上，我们现在实行的是集中权力，分级管理。所谓的集中，即专利的申请、维护、支配、经营许可，都属于中国石化所有。但是，由于中国石化产业链很长，地域分散，管理上就分总部和所属单位两级管理，各自有自己相应的机构。

在中国石化总部，科技开发部下专门设有知识产权处，是科技开发部里人数最多的一个处。在下属企业，特别是直属科研院所、直属化工设计公司，都设有自己的知识产权办公室，或者是专利处，组织管理体系应该说还是比较完备的。

采访人：知识产权在企业各项工作中的地位如何？您觉得企业知识产权工作中最难的是什么？

王玉庆：我觉得企业知识产权工作最难的还是领导重视和社会重视。我们的党组、领导一直以来都很重视知识产权工作。市场经济下企业竞争要靠技术，技术要有知识产权保护。这已经成为企业党组和领导的共识。

在保障国有企业对国家资产的保值、增值，安全稳定生产的首要任务的同时，企业的知识产权工作也从上到下，得到了相当大的重视，因此，我们提出要增加人员，培养人才，需要什么样的条件，都得到了各级领导的大力支持，都没有遇到过太大的阻力。

从另外一个方面说，社会重视也是很重要的。我觉得现在社会尊重知识产权创造的氛围还是有待提高的，特别是在中国。我们申请了这么多专利，也设立了技术保密的制度，却并未得到社会的广泛尊重，并未取得很好的保护效果。我们的技术因人才流失、资料流失、图纸流失而被侵权的现象还很严重。这个保护起来是有难度的。通过法律诉讼取证也比较困难，而且在中国还存在相当的地方保护主义。这方面工作的加强，要靠全社会都树立起尊重知识产权的意识。

我们与世界的差距正在缩小。

采访人：国家知识产权战略实施之后，国资委对加强中央企业知识产权工作提出了指导意见，作为央企的领军企业，中国石化在落实国资委意见方面有哪些具体的举措？企业自身制定知识产权战略的状况如何？

王玉庆：《国家知识产权战略纲要》在 2008 年颁布实施以后，国资委对知识产权非常重视，对中央企业也提出了要求。我们对此也十分重视。

国资委每年都在知识产权方面搞多项企业排名，以专利申请量、授权量、保有量等为指标，并将此作为对企业领导人的考核内容之一。

从国家的层面讲，国资委提出围绕"一个核心、三条主线"，即以制定企业的知识产权战略为核心，以拥有核心技术的自主知识产权、打造央企的知名品牌、争取国际标准的话语权为知识产权工作开展的主线，这与《国家知识产权战略纲要》是一致的。《国家知识产权战略纲要》也要求企业作为知识产权创新的主体、保护的主体、工作的重点。企业的创新应该以合法产业化为前提，以取得知识产权为目标，以能够形成技术标准为努力方向。这与国资委的要求也是一致的，我们实际也是朝着这个方向努力的。

按照国资委要求，我们也制定了自己的知识产权战略，但不像国家层面那么宏观，而是结合实际，落实到具体。例如我们首先选取了涵盖中国石化上下游各个层面的 20 个核心技术点，这是我们当家的技术，有国际竞争力的技术。围绕着这 20 个核心技术点，我们来做知识产权的战略研究，研究这些技术目前的知识产权状况，在国际上所处的地位，竞争对手是谁，竞争对手在哪些区域占优，在各个区域我们应该怎么保护，如果这些技术达到了国际的先进水平，代表了今后发展的方向，那么我们保护得好不好，还缺什么技术，缺的技术是通过创新来得到，还是通过购买或合作来实现等方面。上述研究和分析，是结合企业的实际展开的，有些已经完成了，做的还是不错的。

采访人：中国石化的专利申请和授权量在国内本行业内一直位于榜首，但是和国外大型石油企业是否还有差距？怎么看这种差距？

王玉庆：我觉得应该这么看这个问题。首先，国外的大公司市场化比我们早，中国石化 1983 年组建成立，那个时候，国家还没有实

2010 年 4 月 26 日，王玉庆（右一）参加中国石化上海石油化工研究院巴陵分院揭牌

行专利制度。我们进入市场化的运作要比国外大公司晚，这是有差距的。再就是从国家层面来说，国外实行专利制度，特别是西方发达国家，有的甚至有 200 多年的历史，我们才不过 30 年。所以，跟国外大公司比知识产权的运作能力、运作水平，起步就不在一个起点上。

但是，现在我们跟国外的差距正在缩小。比如在石油化工领域，前几年我们是以买技术为主，但有些技术，是影响企业的竞争力或是影响到国家的能源安全的，西方国家坚决不会卖，这就需要我们进行自主研发。到现在，比较复杂的炼油，把原油加工成成品油，成套的装置，甚至建立一个炼油厂都几乎不用再买进技术了。比如说，我们在青岛建成的 1000 万吨/年的炼油基地，在海南建成的 800 万吨/年的炼油基地，主要装置都是中国石化自主的技术。我们现在搞百万吨的乙烯，跟国际上接轨，也基本上依靠自己的技术。而且，我们现在的技术也越来越吸引外国人来，过去外国人是带着推销技术的任务来的，现在他们过来，越来越多的是因为对中国石化的技术感兴趣，这实际上就是创新能力、竞争能力在逐步提升的表现。

现在我们提出要将中国石化打造成世界一流的口号。这首先要求技术应该是一流的，知识产权保护也要逐渐往海外拓展。这几年申请专利，特别是对外申请，我们也在不断地提高水平。而要完全达到国外的水平，我觉得短期内不大现实，但差距正在缩小。

采访人：2008 年金融危机之后，国家陆续出台了一系列产业调整和振兴的优惠政策，中国石化是如何利用这些优惠政策进行发展的？对科研开发的投入状况是怎样的？知识产权工作在企业发展中发挥了什么样的作用？

王玉庆：其实，中国石化作为一个基础产业企业，没有直接享受到这些政策，但对于国家优先发展的产业，我们是积极配合的。比如，合成材料，与家电、汽车、机械制造、建筑材料都是紧密挂钩的。

在科技投入方面，中国石化一直是非常重视的，也是有保证的。我们直属的研究院或者企业的研究院，搞科技创新、科技研发，基本上都没有因为经费而困惑或受到制约。这方面经费的投入，我觉得是充足的，并且是在逐渐增加的。

对于知识产权发挥的作用，我觉得主要还是一个保障作用，还不能说是先导。申请专利，是因为这个技术有价值，需要保护，这是企业自身的需求。另一个是市场发展的需求、是国内外竞争的需求。知识产权只能说是我们整个科技创新中的一个重要环节，一个重要的保护手段。

采访人：据了解，中国石化的专利申请，比较集中在 8 个直属科研院所和 5 个直属化工设计公司，而生产企业分公司实际上并不多，您怎么看这个问题？同时，下属科研院所的研发成果是如何与生产一线进行结合和转化的？

王玉庆：我觉得你们有这个认识，可能跟所接触企业下边设置研究院的情况不是很多有关，总认为中国石化只重视研究院和研发机构的知识产权保护和创新，而不重视企业的。其实不是这样，对中国石化来说，研究院也是企业的一部分，他们的活动是围绕企业进行的，每个研究院都在为企业服务，都在企业有课题，他们的创新，很多都来自企业。

中国石化对企业和研究院有分工，企业的角色重点是维持、保证安全稳定的生产，而对于技术，要靠研究院创新的成果来改进、提高和完善。因而我们每年专利主要来自研究院也不奇怪。对于产出专利较多的企业，实际上是因为它们保留了相对较强的创新力量和研发力量。

2011 年，我们按二级单位进行统计，专利申请量第一的是石油化工科学研究院，第二就不是其他研究院，而是胜利油田，这是个生产企业，有自己设立的研发机构、研究院、工程开发公司等。也就说知识产权和企业的创新活动是紧密联系的。

提高专利水平，是一个永恒的话题。

采访人：中国石化在对外申请方面是如何进行专利布局的？

王玉庆：在对外申请的 PCT 方面，我们目前在国外每年有三四十件 PCT 申请，一般会进入六七个国家。主要以美国、日本、欧洲为主，然后其他就是目标市场。我们申请专利时围绕两个方向：一是竞争对手所占有的市场。如在橡胶领域，竞争对手在德国、美国，因此必然要去德国和美国申请，他们一看我们有了专利，遇到障碍了，就来找我们谈判，怎么能够合作，怎么互相许可，以求共赢。其他在日本、法国，意大利也都有竞争对手。二是我们的目标市场，现在主要是东南亚这些国家和地区，我们研究有可能把产品出口到哪儿，就首先用专利来布局。因为国外专利申请费用很高，不可能漫无边际，要根据自己的市场布局来申请。

在国外申请过程中我们也遇到过一些困难。比如，在有些国家申请，审查非常严格，周期很长，拿到授权很困难，例如我们要从日本拿到一项专利授权，差不多需要 8 ～ 10 年。有些西方国家，它们将一些大家承认的规则运用得很巧妙，它们不说不给你授权，而是要跟你讨论，一遍一遍地通知你，一遍一遍地讨论。其实，有些提的不一定很有道理，但无形中把获得授权的时间拉长了。

2009 年 10 月 20 日，王玉庆（左二）受聘
华东理工大学兼职教授

采访人：我们注意到，截至 2011 年 10 月，中国石化的累计国内外专利申请总量已达 2.25 万件，专利授权量也已超过 1 万件，其中仅国外发明专利的授权量就已近 800 件。专利申请量和授权量在央企中排名第一。面对如此规模的申请量和授权量，中国石化是如何进行规划和管理的？

王玉庆：中国石化对专利管理很重视，因为企业申请专利不是为了要数字，要脸面，也不是要荣誉，而是自己的生产、经营、业务发展以及提高未来竞争力的需要。

我们对已经授权的专利，不断地进行回顾、整理，研究哪些被新技术替代了，还缺什么等。

另外，最主要的是，中国石化作为一个大企业，在尊重别人知识产权上也做得很好。我们认为一项技术，无论是在国内实施，还是出口到国外，进行自由运作权分析是必不可少的。自由运作权分析就是确认拟实施/出口技术是否会侵犯他人专利权。某项技术在国内首次应用必须进行分析、了解竞争对手是否在这个领域申请了专利，我们的技术是否被他人专利所覆盖。而出口前，我们也首先做这样的分析，这个技术在要出口的这些国家应用有没有风险。如果到一个国家应用技术，而不把这个技术在相关国家的专利搞清楚，那我们在出口单上就不签字。因为，首先要尊重他人的知识产权。

中国石化对于知识产权工作的加强，除了申请、保护、授权以后的维护应用以外，最主要的是将其结合到了研发课题里边。现在做得比较好的研究院课题小组，在开题、立项、中期检查、结题、推广应用等各个环节，需要在知识产权方面注意什么、做些什么，都很清楚。

另外，我们还在培养专利工程师。在课题组里，专门设置一个侧重于搞专利的人员。只要是采用新技术，有竞争力的技术，难免会遇到纠纷，我们要争取做到事先防范。

采访人：我们注意到近年中国石化的海外并购有加速的趋势，并屡屡刷新纪录，就在 2011 年 11 月 12 日，中国石化又与葡萄牙高浦能源公司签署股权认购协议。在如此巨额的海外并购中，是否对并购对象的知识产权特别是专利技术进行引进和评估？

王玉庆：按照国家的需要，在海外并购方面，中国石化这几年还是侧重于能源方面。我们国家，油气的增量前景并不是非常好，而国内的需求却越来越大，由于涉及国家安全，能源的对外依赖度不能太大。所以，我们在能源的并购上下了工夫。而像这种直接购买国外油气田的能源并购，涉及知识产权就少一些，因为买的是公司的资源和生产能力，而不是买的技术。

但是中国石化也买了很多涉及知识产权的技术。举一个例子，就是车用燃料升级技术。由于发展阶段不同，这项技术在美国等发达国家用武之地不大了，而中国正需要，我们就把它从知识产权层面上买断，即除了技术和设计图纸以外，把它的大约三四百项专利，花一大笔巨资，统统买来。从这个知识产权并购当中，我们学到了很多知识，从中研究国外企业怎样围绕一个技术进行布局，来安排知识产权保护，从中分析围绕这项技术申请了多少专利，核心圈、中间圈、外围圈分别都是如何分布的。从地域来讲，研究他们在哪些国家或地区申请，是全面申请，还是只申请关键的技术，这其中都有很高的技巧。在这个过程中，我们的知识产权工作人员都是全程介入，深度介入的。

采访人：目前全球包括我国都非常关注新能源的发展，中国石化对新能源或替代能源的发展寄予了多大的关注？在专利申请方面有没有相关计划？

王玉庆：在替代能源方面，我们做了很多工作，中国石化这几年在非石油路线、非天然气路线做了很多研究，这是一个新的并且活跃的领域，产生专利的可能性也多一些。围绕着生物能源、煤化工的专利申请占我们专利总量的比例相当大。比如一个 MTO 技术（甲醇制烯烃技术）大概就涉及 100 多件专利，从工艺、催化剂、设备到关键的单元技术，都申请了专利。

采访人："十二五"期间，对中国石化，或者对石油化工行业比较大的挑战是什么？在知识产权方面的工作目标又是什么？

王玉庆："十二五"期间，我们的主要任务是提高研发投入，提升创新水平，提高专利申请质量。再就是一定要围绕主业发展的需求、竞争力提升的需求、与竞争对手竞争的需求，来安排专利。提高专利水平，是一个永恒的话题。

希望年轻人多联谊、多交流、多积累。

采访人：您对国家知识产权局的专利审查周期和审查质量有何看法？您觉得国家知识产权局作为专利行政管理部门和知识产权服务部门，还应为企业和社会提供什么样的帮助和服务？

王玉庆：我觉得国家知识产权局给我们的支持非常大。2010 年，田力普局长带了很大的队伍来我们这儿调研、并一起讨论怎么能够提高知识产权的创造和管理的水平。我们建设的远程教育平台，还有知识产权培训，在专利信息、文献的检索、专利水平的提高、案例分析等，都得到了国家知识产权局很大的支持和帮助。

对于审查周期，我觉得应该辩证地看，对于国家层面来说，不见得越快越好，就像刚才讲的日本的案例。对于企业来说，也是看具体的需求，专利很多时候只是一项技术中间的一个环节，需要边做边看，因此也不一定都要很快地授权。

另外，我希望国家知识产权局的审查员能多和企业进行交流，审查员对技术的把握仅靠自己的经验或者理解，或是看书，可能是不够的，而我们的科研工作者也想向审查员学习更多知识。希望以后会有更多这种互相的交流、互相的支持。

采访人：可否谈一谈中国石化在知识产权人才队伍建设方面做了哪些工作？

王玉庆：在培养人方面，我们是下力气做的。现在各级部门，各级领导都很明白知识产权要靠制度，要靠人才。如果这两条没有，那企业的知识产权链条就运转不起来。我们自己每年要办两届知识产权培训班，一个班五六十个人，针对企业需求的重点，进行集中培训、拓展。

另外，就是跟国外的专利事务所合作。我们请了美国的律师事务所，就美国发明法案的修改来讲座。另外，我们每年也都要派人到国外的律师事务所去学习，结合他们不保密的案件，熟悉美国的法律、专利制度，熟悉一些大公司对待专利申请的做法等。还有，就是我们也经常到企业去讲课，把知识产权知识普及给各层次的领导，普及给广大的科研人员。对于人才培养，我想可能不会见到立竿见影的效果，但是长期来说，对企业做好知识产权工作一定是大有好处的。

采访人：据了解，中国石化对培养青年人才方面特别有心得，特别是在知识产权战线培养了许多年轻的复合型人才，您能否跟我们分享一下您的经验？

王玉庆：我个人认为，每一个年轻人的职业生涯都应该得到领导的关心，每一个人都需要有继续成长的空间，这个成长不是说只有当官这一条线。表现一个年青人的价值，是有多方面的，他在哪一个岗位上，都应该有成长的空间。对于年青人，我们公司现在也在开辟其他的成长通道。对于在自己岗位上，踏踏实实努力，只要符合公司的需求与发展方向，公司就会提供很多的机会和空间。

年青人之间应该多沟通，多联谊。去年田力普局长来我们这里时，就提议年青人之间要多联谊，从各个层面上沟通，做知识的交流、文化的交流。可见田力普局长对年轻人的发展和成长非常重视。

从我的职业生涯来看，对于年青人，我觉得脚踏实地走好最初的几步，是很关键的。一个人的可塑性是在一定的年龄之前的，如果岁数太大了，再学知识，就可能动力不足、精力不足、兴趣不高了，所以前几年很重要。从学校学习完了以后，到了工作岗位，怎么能够衔接好，放下天之骄子的架子来踏踏实实地再学习非常重要。只有多积累，脚踏实地地干好工作，才能在最后有闪光点。

与采访人员合影，左起依次为谭李丽、王玉庆、
李伟、杨哲（时任中石化科技部知识产权处处长）

附中国石化 2009～2011 年的专利申请量：

2009 年，总申请量 1989 件，其中中国申请 1854 件、境外申请 135 件；2010 年，总申请量 2937 件，其中中国申请 2823 件、境外申请 114 件；2011 年，总申请量 4030 件，其中中国申请 3827 件、境外申请 203 件。

◉ 个人简历 ◉

  贺新军，好孩子集团副总裁，负责集团全球研发体系的建设和管理，先后在海外组建了4个研发团队，使好孩子的"1＋n"研发模式趋于成熟；同时也是集团知识产权管理负责人，经过数年的努力，领导好孩子建立了完善的知识产权管理体系，是全国知识产权示范单位。承担过多项重大科研项目和核心技术攻关，代表性创新产品有智能显示汽车安全座椅、自动刹车系列等，突破了婴儿车单手折叠，一拍即合，锂电应用等多项核心技术，甚至发明了"折叠比"这样的行业公认的新词汇。截止目前，其本人拥有国家发明专利30项、实用新型专利102项、外观设计专利6项。

专利保护促进设计创新

被访人：贺新军

采访人：吴　溯　孟　雨　王福涛　谢怡雯

采访日期：2011 年 8 月 30 日

采访地点：江苏省昆山市好孩子集团研发中心

　　编者语：2011 年，世界知识产权组织（WIPO）将世界知识产权日的主题定为"设计未来"，为了契合这一主题，《知识产权青年》借助外观部"设计与专利同行"活动的机会，走进了位于江苏昆山的好孩子集团，并与该集团负责研发和知识产权的副总裁贺新军进行了对话。好孩子集团是目前中国规模最大的专业从事儿童用品生产与研发的企业集团，产品已经进入全球 4 亿家庭。该集团自成立起即高度重视设计创新和专利保护，至今申请了超过 4700 件专利，其中外观设计专利约占到 65%，在专利诉讼方面结案 118 件均为胜诉，走出了一条独有的自主创新之路。

"好孩子"推出"好专利"

采访人：贺总您好，我们都知道好孩子集团（以下简称"好孩子"）成立于 1989 年，成立仅 20 多年，企业就迅速发展壮大，设计与专利在企业发展的历程中起到了什么样的作用？

贺新军：应该说好孩子从一诞生，就是创新型企业，企业的发展也一直离不开设计与专利。好孩子诞生于 1989 年，其前身是昆山市陆家中学用教师集资款办的一家校办工厂，最初因为经营不善濒临倒闭，且欠债 80 万元。在人均月工资才四五十块钱的时代，80 万元是一笔很大的数目。我们总裁宋郑还先生当时是一名数学老师，也是陆家中学最年轻的副校长，当时他为怎样才能凑到 80 万元将欠款还清而苦思冥想。那时候没有资金、没有技术、没有稳定的业务来源，但是宋总和学校的老师们有一种事业的责任感和昆山人勤奋敢闯的精神。我们都知道好孩子是做儿童推车的，而宋总最初关于推车的创意实际上源于当时他的一个学生的一句话。那时候有人送了他一把摇椅，有一天他坐在办公室的摇椅上，一个学生走进来对他说："宋老师，这个摇椅好像推车呀。"宋总觉得这个想法很不错，是不是可以把摇椅改造成为一辆既可以摇又可以推的推车呢。经过他自己不断地研究，反复地推敲，终于设计出了一种既可以推又可以摇的多功能推车。由于缺乏资金，在申请专利之后宋总就把这辆多功能推车的专利卖了。可是拿着卖掉专利得到的 4 万块钱，宋总没有用来给员工发工资，也没有用来研究新的技术，而是给厂里建了当时最好的大门。所有人都非常不理解，但在宋总看来，一个工厂的大门就是一个企业形象最直接的体现，他希望他的员工每天迈进这个大门上班的时候，都是满怀信心和自豪感的。这在当时的人们看来可能会觉得不可思议，但是宋总的思维从来都很超前，他看的、想的都比别人要远一些。直到现在，好孩子依然用的是当年宋总卖掉第一个专利的 4 万块钱建的厂门。

之后，宋总又创造了一种世界上独一无二的"推、摇、坐、行，样样行"的四功能婴儿车，并申请了专利。当时宋总将这项专利拿到展销会上推销，没有进会场的资格，也没有独立的展位，他就自己一个人在会场外面站着，拿着他的产品一遍遍地给别人推销、讲解，最终有人出价 30 万要购买这个专利，宋总当时非常高兴。但是他仔细一想，既然这个专利这么有价值，还不如我们自己来生产。于是他没有卖掉这个专利，回来后做了详细的调查，决定自己生产。但当时企业没钱，还欠着债，只好找人贷款。宋总利用辛辛苦苦贷来的 5 万块钱，开始生产这辆童车，于是才有了"好孩子"。这个专利生产出来的童车在国内卖得非常好，连续 3 年位居童车行业的国内销量第一，并且一直销售到现在，累计共销售了 1800 万辆，销售额达到了 10 亿元，占了好孩子整个中国市场销售的 1/3。现在我们一年在中国市场 10 亿元的销售额，这个产品大概占 3 亿元。当时这个产品申请的是实用新型专利，虽说这么多年过去了，这个专利早已经过期，消费者的需求也不一样了，但现在这辆车在中国仍然很热销，说它是童车领域的国车也不为过。

就在这辆童车销售的 10 多年间，好孩子一下长大了。我 1995 年加入好孩子的时候，宋总动员大家，目标是做到中国第一。当时我们都不大敢相信，中国第一，那是什么概念？到了 1999 年，我们就做到了五六亿元的销售额，在当时已经做到了中国第一。这时候宋总又开了个誓师大会，定下了做世界第一的目标。现在来看，在童车领域，好孩子的产销量，确确实实已经做到了世界第一。在这整个过程中，优秀的设计与专利一直发挥着重要的作用。

采访人：是不是可以说，设计创新已经成为企业的核心竞争力？而专利保护又能促进设计创新？

贺新军：好孩子之所以能达到今天这个局面，就是因为我们注重设计创新，我们在产品研发的投入很大。好孩子目前的研发投入每年接近1个亿，这还不包括工厂方面的其他投入。而且所有的产品研发最终都要申请专利，得到专利保护。

对好孩子来说，专利保护一直在促进设计创新。好孩子目前对设计人员的考核指标里面，就包括专利性指标。设计人员的薪资主要分为三块：一是基本工资；二是产品被选中开模时的奖金；三是产品上市销售后的分成。产品上市后的分成系数，以设计分值为基础。设计分值如何评估，专利是依据之一。产品在国外获得发明专利的是100分，国内的发明专利是50分，实用新型专利是30分，外观设计专利20分。为什么国外发明专利分数高，主要是国外的申请费用很高，而且国外的合作伙伴也要求我们要对销售额做预估，因此我们对在国外申请专利比较谨慎。所以，好孩子设计人员的收入与专利以及产品的市场表现有关系。目前我们对海外的4个研发中心同国内的考核制度一样，具体地说，是按照设计分值获得相应的待遇。这是一种终身的收益方式，如果这个产品一直在卖，就一直可以拿到提成。这种设计分值的制度也使得我们的设计人员很稳定，人员流失率比较低。在这工作5年、10年以上的很多，反倒是刚毕业2～3年的时候很不稳定，因为他在这没有一个基础。资格越老的设计人员，在好孩子工作的时间越长，越有根基，就越不愿意离开这里。因为他们既有新的产品在源源不断地出来，又有老的产品能够按销量提成。

能给企业带来效益的专利就是好专利。

采访人：好孩子至今申请了超过 4700 件专利，其中外观设计专利约占到 65%，好孩子是如何看待外观设计专利的作用的？

贺新军：现在国家一直在推动发明专利申请的数量，从促进技术创新的角度来看无可厚非。但对企业而言，只要能给企业带来效益的专利，就是好专利。从这个角度看，三种专利都很重要。甚至有的时候，我们觉得外观设计专利对好孩子而言，比发明和实用新型更重要。为什么这么说？这是好孩子所处的童车行业所决定的。不同的行业对专利保护的诉求不同。例如，在一些机械设备制造行业，机器的性能和合理的价格更为重要，而外观设计的影响不大。但对于儿童用品而言，外观设计的作用就很明显。就好像服装一样，主要是靠外观吸引消费者。例如，在国外的大卖场，当几百辆推车并排在一起时，产品的外观设计必须首先能吸引到消费者，消费者才会停留下来去看推车，进而看到推车的功能。我们曾经调查研究过，消费者眼睛停留在一辆童车上的时间只有 3~4 秒。在这种情况下，如果外观设计不够好，不够吸引人的话，车子根本没有机会被消费者拿出来看，更没有机会销售出去。消费者选择童车有时候就像年轻人选对象相亲一样，首先要看上去很喜欢，接下来他才会愿意拿下来，去了解这个产品的功能怎么样，如果第一眼看不上就根本没有机会了。

有的消费者甚至会为了好的外观设计牺牲不少对功能的诉求。我举个例子，我们香港的一位合作伙伴刚有了个孩子，到我们这里来选一辆推车。看了一圈，他在我们的产品中选了外观设计很出彩的一款童车。我说这个不好用，如果是自己用的话最好不要选。但设计师出身的那位合作伙伴，他就喜欢这辆车的外观设计，坚持就要这辆。应该说在童车领域，外观设计在销售阶段的作用甚至比结构更重要，当然结构也很重要，但前提是消费者会对车子感兴趣，愿意去看你的结构。目前我们有一个推车产品，用的是"美腿"的优美形态为设计构思来做推车的支架造型，很受日本人喜爱，现在还没出货，就已经接到了不少的订单。

2011年，贺新军在苏州市"好孩子"杯
青少年发明大奖赛表彰大会上致辞

我们的外观设计出新速度很快，例如儿童自行车产品上面的贴花，2~3天就会有一个新设计。推车的外观设计，一个设计人员也能实现1个月有5~6个新设计。而结构方面的设计，可能要1年才会有一个。这也是为什么前面提到的设计分值，发明专利和实用新型专利的分值比外观设计专利的分值高，并不是因为外观设计专利没有另两种专利重要，而是因为外观设计出新快，设计师在较短时间内就能拥有很多项外观设计专利。

优化法律环境，启动全民创新。

采访人：在专利维权方面，好孩子具体是如何做的？

贺新军：我们宋总曾提到过，从专利这个角度来说，能够给企业带来效益。我们要把它当成一个产业来经营，要经营专利。

在专利维权方面，需要一种机制，单纯靠公司的资源天天打官司是不现实的。我们与一个律师事务所在维权的诉讼方面有合作，也聘请著名的律师进行海外维权。目前我们公司的机制，是将官司索赔金额一定的比例，作为付给维权团队的资金。这也造成他们会挑官司来打，小的官司索赔他们就不愿意接，因为他们拿不到钱；而大的官司，例如这两年能赔偿到 50 万元、100 万元的这种官司，他们会调动所有的资源去做。

我们起诉别人时，是非常谨慎的，确定确实侵权的，才起诉。例如我们起诉康贝公司，都是我们胜诉。之前我们起诉美国的美泰公司时，对方国家的总领事都去旁听庭审。对方企业也通过我们的合作伙伴施加压力。但好孩子打官司不一定是为钱的事，因为这关系到整个行业的发展，我们还是坚持打下去。法院审理得也很公正，没有因为对方总领事的旁听而受到影响，还是判我们胜诉。

通过对设计和专利的重视，我们的推车在全球处于领导地位。每一年的科隆博览会——全球最大的博览会，大家都在期待着看好孩子今年推出什么车，会怎么样引导市场，好比"ZAPP"型号的圆弧形的那款童车推出以后，到第二年，其他厂家都会往你这个方向走，虽然会避开你的专利，但是整体神韵还是模仿好孩子的方向。好孩子就像是风向标，这一点在国内还不是很明显，一是我们在国内的维权官司打得很厉害；二是国内这种小企业要跟上我们的步伐，需要投入很大。

好孩子专利维权的意义其实超出了我们本企业的一个范围，这两年因为好孩子积极在国内市场进行维权，促使了国内很多企业开始自己搞研发。

采访人：在避免侵权方面，好孩子又有哪些经验和心得？

贺新军：在避免侵权方面，我们在销售前都会做技术情报检索，做专利检索，如果有疑问的，基本都不进行销售，企业的专利意识非常强，绝对不能碰别人的专利。专利意识在我们好孩子的产品研发体系里自始至终都是贯穿其中的。如果设计师设计的产品出现了专利问题，我们肯定是要追查责任的。

现在有一点我们做的还不到位的是，我们跟客户的全球专利承诺还做不到。比如一个推车在以色列的专利问题，我们无法承诺。因为这种专利检索不到，我们也不可能在以色列设一个点，所以就可能会出现问题。通常我们可以在销售量大的地方设一个点，像在日本，我们就找了黑田律师事务所负责我们的专利部分，在美国和欧洲也有，他们负责几个我们产品销量大的国家。但是像俄罗斯，现在就很难做，就算是有，作用也不大。

在国内，从 1995 年开始到现在我们一直在和苏州创元专利代理事务所合作。之所以一直没有换第二家合作，是因为我们一直在培养一家对我们行业有深入了解的代理所。创元和我们合作了这么多年，对童车行业非常熟悉，做行业分析的时候也很有效率。

采访人：好孩子在境外也有申请和保护专利的经验，从企业的角度看，您觉得境内外对外观设计专利的保护有哪些不同？对中国的专利保护制度有什么建议？

贺新军：在专利这方面，企业最头疼的，一是国内的环境，二是我们维权的成本和赔偿的额度，三是我们专利管理的这个团队还不够专业，缺乏专业的人员。

就环境这个层面来说，美国的市场通常能给消费者一种信心，好比有一次我去国外买钻戒，我就怕带一个假的回来，我就问我们一起去的人，如果带个假的怎么办，他说，要是你能买到一个假的，你就算中大奖了，如果你能证明它给的这个证书跟产品有出入的话，它就得给你百倍的赔偿。于是我买回来以后拿去检测，结果和证书上写的是完全一样。这就是美国完善的法制环境，你买到好孩子的这个牌子，就是一个质量保证，一个服务保证，还有一个品牌保证。

而国内就不同，一些小的维权官司我们都不能打，即使打了官司，侵权公司去另外一个地方重新注册一个新的名字，就又是一家新的公司了，你拿他毫无办法。

目前好孩子产品外销占 70%，内销占 30%，但针对好孩子的专利侵权案件，则主要发生在国内，我们的维权行为主要也是在国内。现在整个维权环境好了很多，前几年许多案子都打不下来。就像以前有一辆摇马三轮车被侵权，法院判了好孩子胜诉，判对方赔偿。但对方拖着迟迟不赔偿，我们也无计可施。应该说国内早期整个社会的专利意识比不上国外，这几年好了很多。维权环境也比以前好很多，但有些法院在判断外观设计专利是否相同相近似的时候，侵权产品的局部稍微变一下，就判不侵权了。因此逼得我们把产品的零部件都分开来申请，例如我们推车上的车轮，一般都是单独申请。在国内打官司，有时候侵权产品做一些小变化，官司都很难打。我们在美国也打过官司，美国是陪审团制度，陪审团都是真正的一般消费者，在评判两个专利侵权的时候，他们就是把两个推车摆在一起，让陪审团的人去看，觉得两个产品像就会判侵权了。我们国家什么时候能做到这些点，维权就会容易很多。

企业的第二个难处是，维权的成本高而赔偿额度低。目前打官司的成本很高，但是国内来说，即便胜诉，法院判了侵权企业赔偿，这种赔偿也是不痛不痒，一般就是 50 万元、60 万元的赔偿金额，对侵权企业起不到威慑作用。国内的判决是补偿你的损失的赔偿，美国则是惩罚性的赔偿，这两者有本质的区别。在美国一旦赔偿，金额都非常高，甚至可以让企业倒闭。国外还有一种说法很形象叫"养猪"，意思就是我发现你侵权了，但是我不会马上就告你，而是养着你，在侵权产品销量最好的时候告你，那时候就会让这个企业赔得倾家荡产。我们曾经代工生产的一种纸尿裤，上市出口到美国后，被控侵

与采访人员合影，左起依次为王福涛、孟雨、贺新军、谢怡雯、吴溯

权，仅仅因为纸尿裤扎好了以后的松紧带的一个缝法，就一下子赔了两个多亿美金。因为我们只是代工，所有的法律责任由负责设计的那家美国公司承担，罚了两个多亿美金，那家美国公司就宣布倒闭了，只好将设备和中国的部分全部卖给了好孩子。

通过这件事情也让我感觉到，只有咱们国家的法律环境扭转的时候，才是全民创新的启动之时。否则的话，一些企业刚研发出来的东西，别人一抄袭，他就失去了市场。

结束语

通过与贺总的对话，我们可以看到好孩子在知识产权激励创造、有效运用、依法保护、科学管理方面已经进行了卓有成效的探索，相信对整个行业都有一定的借鉴作用。好孩子以后也将作为我局审查员的实习、实践以及调研的基地，这将有助于青年审查员加深对工作领域相关行业的理解，更好地成长成才，服务知识产权工作。

◉ 个人简历 ◉

　　陈伟，汉族，1962 年出生，中共党员，四川工业学院工学学士学位，现任清华同方威视股份有限公司副总裁。曾在北京煤矿机械厂研究所任工程师、北京市海淀区政府人事局从事科技干部管理工作、四通集团和北京四通松下电工有限公司工作任人事总务部部长、北大方正电子有限公司工作任行政/人力资源总监。

技术创新与知识产权管理共促企业发展

被访人：陈　伟
采访人：邵源渊　陈　沛　李　曦
采访日期：2011 年 7 月 6 日下午
采访地点：同方大厦 A 座

编者语：为了更深入地了解知识产权在企业发展中的作用，《知识产权青年》首次走进企业，经北京市知识产权局推荐，本期对话同方威视副总裁陈伟先生。通过近两个小时的采访，我们深刻体会到技术创新与知识产权管理对于促进企业发展具有不可估量的重要作用。

成功的产业化，成功的知识产权战略。

采访人：陈总，您好！对于同方威视可能很多人不是非常了解，请先给我们介绍一下公司的基本情况吧。

陈　伟：同方威视技术股份有限公司，是一家源于清华大学，以辐射成像技术为核心、以自主知识产权为主要特征的高科技安检产品、安检解决方案和安检服务的供应商。

公司创立于 1997 年，当时清华大学工程物理系承担了国家"八五"科技攻关项目"大型集装箱检查系统"的研发任务。该项目受到国家的高度重视，项目研发成功后，由清华同方出资实施该科研项目并产业化。1997 年 6 月，清华同方组建技术公司，负责研发、生产和销售工作。2002 年开始，公司产品大量销往海外，公司更名为同方威视。

采访人：贵公司研发、生产高科技安检产品，取名"威视"非常形象、贴切。我发现，北京地铁的安检系统许多都是威视的产品。

陈　伟：对，不仅在城市地铁方面，民航机场、公路交通、大型会展等都有许多我们公司的安检系统在应用，这些都属于小型设备。威视公司进行小型安检设备的研制生产较晚，是在大型设备做得比较好了之后，2004 年、2005 年才开始做小型设备的。

而大型集装箱安全检查设备不仅科技含量非常高，而且技术复杂程度也很高，目前，全世界只有中、德、美三个国家掌握这类大型安检设备的研发制造技术。我们公司研发制造的大型设备在全球市场中占有重要份额。

采访人：大型集装箱安检设备应该说是一个高校科研成果产业化非常成功的实例。我国高校和科研院所的科研成果产业化一直以来都存在诸多问题，现在看来，当时的清华同方还是很有战略眼光的。

陈　伟：是的，这个项目在清华大学应当是产业化比较成功的项目之一。清华大学丰硕的科研成果为同方威视新技术、新产品的开发生产奠定了坚实基础。

公司成立以来，就非常重视技术创新，重视知识产权工作。现在我们拥有全部核心技术的自主知识产权。

公司从 1997 年创立至今，在这 14 年间实现了较好的高速发展，其中，最主要的增长动力源于不断的技术创新。安检产品在大多数国家都是政府采购项目，在评标的过程中，与商务标（涉及销售价格、供货周期、服务的配套等）相比，我们的技术标（涉及技术性指标）往往得分较高。正是缘于我们的技术过关，产品才能销往全球 100 多个国家和地区。而技术过关的一个根本原因就是公司一直以来非常重视技术创新，在技术创新、产品研发方面投入非常大。近 8 年，公司每年研发经费投入占销售额的比例平均为 10% 左右，这在同类企业中是很高的。

采访人：这个比例真的非常高，威视公司对知识产权的重视，源于什么动力？

陈　伟：我们之所以重视知识产权工作，主要源于企业的战略定位，即以技术创新实现市场发展，以自主知识产权引领创新。公司从创立之初就非常重视知识产权工作，威视公司目前建立了健全的专利申请、保护、维护机制，以及专利激励机制，并投入大量资金对内部技术人员、专利专职工作人员进行全面系统的知识产权培训，并将知识产权相关知识的培训纳入每一名研发人员的入职培训中。

采访人：您认为企业知识产权战略的作用何在？

陈　伟：知识产权战略的作用在我们公司是比较突出的，经过 14 年的发展，以及不断地对知识产权工作的投入，我们得到了很大的收获。具体而言，知识产权战略具有三个比较明显的作用：一是在企业的发展战略上，知识产权工作具有战略引导作用。通过加强和重视知识产权工作，把研发工作、技术创新的重点放在争取自主知识产权方面，对公司整体的发展战略具有很好的定位和导向作用。二是在技术战略上具有一定的约束性作用。通过激励机制鼓励研发部门从事技术性工作人员的创新精神，并不断使创新在管理导向和技术战略上占有重要的比重。三是在经营管理上，知识产权战略具有为经营工作提供保障和加强的作用。以产品销往海外为例，对凡是有可能销售公司产品的国家，我们都是把专利工作做在前面，再进行后续的销售工作，而不是先把产品销售过去，出了问题再去考虑专利上的一些补救措施。实际上，就是把企业知识产权战略和企业经营战略紧密配合起来，一定意义上讲，是用知识产权战略实现了对经营战略的保障作用。

市场竞争从表面上看是一种商务性的竞争，其实背后都围绕着非常激烈的知识产权竞争。例如对于大型集装箱安检设备这种高科技产品，往往包含着许多项关键技术或专利，可能仅仅是在某一个方面被竞争对手找到了漏洞或者弱项，或因为某一个专利技术本身，都会完全丧失整个商业机会。由于我们公司所研发的产品的特殊性，也不得不使我们特别重视知识产权工作。

采访人：贵公司的知识产权管理体系构架以及人才队伍的情况如何？

陈 伟：公司职能部门中有独立的知识产权部，代表公司管理内部的知识产权工作以及相关知识产权工作的对外交流。在技术部门和研发部门，还有兼职的知识产权工作人员。此外，对于技术人员和研发队伍，公司实施普及性的专利知识和知识产权知识培训，力求做到所有技术人员在从事技术工作之前都经过知识产权相关知识的培训，并至少要达到三个最基本的要求：一是要懂得用知识产权的方式来进行技术的规划和保护；二是要懂得在什么样的技术程度上可以形成专利，用专利的要求进行技术的提炼和保护；三是会撰写专利申请的初步材料，为专业的专利工作人员提供支持和辅助作用。

采访人：研发人员人人了解专利知识，足以说明贵公司对知识产权培训以及人才培养的重视。

陈　伟：这些年，我们在内部做了比较多的知识产权培训工作，也经常派员工参加国家知识产权局组织的各种培训，以及专利保护协会组织的各种交流活动等，基本上每年例行的中美知识产权交流会、中日知识产权交流会以及专利保护协会年会我本人都会参加。公司还具有较完善的知识产权激励机制，对于撰写专利申请文件、参加专利答辩以及发明授权等不同阶段的人员都具有相应的奖励激励制度。

在知识产权领域，国内的企业还需下大力气向国外企业学习。

采访人：贵公司目前国内专利申请有 1000 多件，海外申请情况怎么样？

陈　伟：公司在海外 30 多个国家进行了专利布局，授权专利达 30 多个，每年用于海外的专利申请及维护费用也很高，大约在 1000 万元以上。

采访人：海外专利申请和维护费用比国内高很多。

陈　伟：是的，这也是我们经营当中的难点之一。在海外一项专利的年保护费用大概是几万元左右，而且一台设备一般具有多项专利。这也不是我们一家企业遇到的困难，可能所有的中国企业在走向海外市场的过程中，都会或多或少的在知识产权方面受到影响。对以高科技产品为主要市场推广的企业来讲，这方面的影响会更大一些。

2007 年，同方威视参加第 18 届多国仪器仪表学术会议暨展览会

采访人：威视公司曾获得两项中国专利金奖，这是对贵公司重视知识产权工作的最大肯定。

陈　伟：近年，公司有两项专利获得了金奖，一项专利获得了优秀奖，对于公司来讲，这是一个很好的激励，主要表现在：一方面，专利金奖是对我们专利成果本身的肯定，也是对专利产生的经济效益、社会效益的肯定；另一方面，专利金奖对于产品在市场宣传和竞争活动中也具有较大的影响。2003 年，"一种可组合移动的集装箱检查系统"，以及 2009 年 "一种用射线对液态物品进行安全检查的方法及设备" 这两项专利金奖，使我们的产品更加被客户认可，市场销售良好。国家知识产权局组织中国专利金奖的评选活动对于企业发展具有非常好的推动作用。

采访人：作为企业老总，您觉得国家知识产权战略与企业知识产权战略的关系如何?

陈　伟：这两者关系是非常紧密的。国家知识产权战略涵盖的方面是非常全面的，企业的知识产权战略是在国家知识产权战略之下的具体落实，而国家知识产权战略则需要众多企业的知识产权战略作为支撑。另外，两者各有侧重，国家知识产权战略侧重宏观的管理层面，涉及内容非常广泛丰富，而企业更侧重于具体的自主创新，与市场经营紧密结合，更加注重效益。

《国家知识产权战略纲要》的颁布实施对于企业发展来讲是非常及时的，对于指导整个国家经济转型发展起到很好的作用。

采访人：贵公司知识产权的创造、运用、保护和管理工作都做得非常好，通过您的介绍我们深刻体会到，北京市知识产权局推荐贵公司作为我们企业之行的首站，有其深刻用意和良苦用心。

陈　伟：我们的工作确实有一些成绩，但还谈不上很好，与中国众多的企业一样，我觉得总体上还是有欠缺的，还有很大的发展空间。近几年我参加了几次国家知识产权局组织的国外访问活动，深刻体会到国外大企业在知识产权保护和知识产权管理方面还有很多值得我们学习的地方，简单来说，有三个方面。

第一，国外知识产权制度发展历史较长，其中特别明显的在于企业知识产权队伍素质高，经验丰富，很多企业有大量专职的专利申请撰写人。相比而言，国内企业的知识产权队伍无论是经验积累还是人员总量上都还任重道远。

第二，国外企业知识产权管理体制和管理机制比较健全，内部管理规范较为完善，管理制度也很详细、很全面，企业员工能够自觉、严格地遵守。

第三，国外很多企业都把知识产权作为企业经营战略中的重要组成部分来运用，不仅是在专利保护这些知识产权管理的基础层面做得很好，而且将知识产权运用作为非常重要的市场竞争手段。不仅通过专利保护自己的知识产权成果，来满足市场竞争需要，而且将专利作为打击竞争对手的有力措施。

在知识产权领域中，国内企业还需要向国外企业学习，要下大力气、长期地学习。

青年人一定要认清自己的能力与价值取向，冷静、客观地看待外面的机会。

采访人：介绍了很多企业的相关情况，能不能给我们简要介绍一下您个人的经历？

陈　伟：我大学本科专业是机械设计，硕士是学企业管理。1984年毕业以后，先是分配到煤炭部北京煤矿机械厂研究所从事技术工作，做了6年采煤机械设计。1990年到海淀区人事局做公务员，从事两年人事管理工作。1992年春天，小平同志南巡之后，改革的春风吹遍中华大地，中关村一带有很多的高科技企业开始兴旺起来，我毅然下海，到了四通集团公司，虽然是初入商海，但做的是有声有色；1993年我被派到四通与日本松下的合资企业担任人事部部长，整整干了6年的时间，接触了国际上比较先进的企业管理经验。从我自己的职业生涯来看，这6年是我企业管理知识、管理经验、管理能力提升最快，也是打造最扎实的时期。得益于这6年的工作经验，1999年经人引荐，进入北大方正，2002年来到同方威视。

我的职业生涯算是比较丰富的，在不同类型的企业都工作过，而且从工作内容来看，除了没当过财务部负责人之外，基本上企业管理的方方面面都做过。目前在同方威视，我主要分管负责人力资源部、

与采访人员合影，左起依次为邵源渊、陈伟、陈沛

企管部、行政部、知识产权部和法律部。

我的几次工作变动都属于特殊时期的特殊情况。其实，我是一个对企业和职业都很忠诚的人。我怕我的个人经历会对广大青年朋友有所误导（边说边微笑着）。

采访人：不同岗位的经历都是您能力积累和自身价值实现的过程。

陈　伟：外面的世界越来越精彩，诱惑也越来越多。青年人一定要认清自己的能力以及价值取向，冷静、客观地看待外面的机会，只有这样才可能实现职业生涯的成功。

采访人：感谢陈总百忙中接受我们的采访，最后，请您对我们知识产权局的青年同志们给予一些寄语和希望吧。

陈　伟：知识产权事业是一个机遇和潜力非常大的事业，青年人能够有机会从事这项事业，应该说是赶上了好的机遇期，希望青年人一定要很好地抓住这个机遇，做好这方面的工作，无论是对自身还是对国家都是非常有益的。

致　谢

　　本书是由国家知识产权局机关团委组织部分青年同志，精选《知识产权青年》"对话"栏目中的 14 篇采访文章编辑而成的。

　　本书中的采访文章都是青年同志亲自采访完成的。其中卢学红、邵源渊、赵勇三位同志参加了多次采访，陈春晖、陈沛、季节、李伟、李曦、李晓明、孟雨、谭李丽、王福涛、吴溯、谢怡雯、张锐也参与了采访工作，他们在本书的编辑出版中也付出了辛勤的劳动，在此表示衷心的感谢！

　　在历时五年的采访工作中，国家知识产权局直属机关党委领导张云才、王冬峰、刘洁、朱兴国，离退休干部部领导陈秀云，机关团委岳宗全、赵晓东、付旋、王蒙、王磊、曹琦对采访工作给予了很大的帮助；朱兴国、赵晓东在本书的封面设计、文章编排、内容修改等方面，提出了很多宝贵的建议；刘军、王剑宇、赵轶轲参与了修改和编排工作。在此，也对他们的辛勤付出表示衷心的感谢！

　　本书采访和出版工作，还得到了国家知识产权局办公室和离退休干部部、知识产权出版社、国家工商行政管理总局、中国石油化工集团、好孩子集团、同方威视技术股份有限公司等单位的大力协助，在此一并表示诚挚的谢意！

由于水平有限，本书难免有不当、不周之处，敬请批评指正。

编者

2013 年 4 月 16 日